Oluwatomisin Adeloye

Fatores Humanos em Programas de Conscientização de Treinamento ISO 27001

Oluwatomisin Adeloye

Fatores Humanos em Programas de Conscientização de Treinamento ISO 27001

Aumentando o envolvimento e a retenção de conhecimento na indústria de TI - pequenas e médias empresas em Lagos, Nigéria

ScienciaScripts

Imprint

Any brand names and product names mentioned in this book are subject to trademark, brand or patent protection and are trademarks or registered trademarks of their respective holders. The use of brand names, product names, common names, trade names, product descriptions etc. even without a particular marking in this work is in no way to be construed to mean that such names may be regarded as unrestricted in respect of trademark and brand protection legislation and could thus be used by anyone.

Cover image: www.ingimage.com

This book is a translation from the original published under ISBN 978-620-7-99566-0.

Publisher:
Sciencia Scripts
is a trademark of
Dodo Books Indian Ocean Ltd. and OmniScriptum S.R.L publishing group

120 High Road, East Finchley, London, N2 9ED, United Kingdom
Str. Armeneasca 28/1, office 1, Chisinau MD-2012, Republic of Moldova, Europe
Printed at: see last page
ISBN: 978-620-7-95221-2

AGRADECIMENTOS

Desejo estender a minha profunda gratidão ao Divino Criador do Céu e da Terra por me abençoar continuamente com uma mente sã, alegria permanente, paz interior e a força para concluir com sucesso este projeto.

Em seguida, estou imensamente grato ao meu supervisor, Baba Shaheer, pela sua inestimável orientação, experiência e paciência ao longo deste trabalho de investigação. Os seus comentários perspicazes foram fundamentais para moldar este trabalho e o meu crescimento académico.

Devo um profundo sentimento de gratidão ao meu marido, Adeola Adeloye, cujo inabalável apoio financeiro e moral me sustentou ao longo dos vários desafios desta odisseia académica. A sua fé inabalável nas minhas capacidades tem sido uma fonte de inspiração duradoura e é com imenso apreço que lhe dedico esta dissertação.

Por último, quero agradecer à família e aos amigos: Aos meus pais, por me terem trazido a este mundo, Rev. e Sra. Olatunde Kehinde John, Abike Ogunbode, Adedayo Adeloye, Avó e Avô Adeloye, Adesoji Otukoya, Alhaji Afeez Alabi, Sandra Abiola e a todas as pessoas com quem me cruzei no meu percurso de mestrado, pelo seu apoio e encorajamento.

Índice

RESUMO

Este estudo investiga a formação e o desenvolvimento organizacionais, centrando-se nos factores intrincados que influenciam o envolvimento dos trabalhadores e a retenção de conhecimentos no âmbito dos programas de formação de sensibilização para a ISO 27001. Operando no contexto das Pequenas e Médias Empresas de Tecnologias de Informação (PMEs de TI), esta investigação visa descobrir as relações entre a cultura de segurança da informação, os factores humanos, as estratégias de ensino, os desafios enfrentados pelas PMEs e o envolvimento dos colaboradores e a retenção de conhecimentos. Este estudo recolheu e analisou dados de 288 participantes em Lagos, na Nigéria, através de uma abordagem de métodos mistos. Os resultados demonstram que a cultura de segurança da informação exerce uma influência positiva significativa no empenhamento e na retenção. Os participantes que se aperceberam de um compromisso mais forte com as práticas de segurança nas suas organizações apresentaram níveis mais elevados de envolvimento e de retenção de conhecimentos.

Além disso, os factores humanos positivos, como a motivação, a comunicação clara, os ambientes de formação favoráveis, os conteúdos relevantes e o apoio dos colegas, aumentaram coletivamente o empenho e a retenção. As estratégias relacionadas com o ensino foram consideradas cruciais para promover o empenhamento e a retenção. Materiais de formação bem concebidos, elementos interactivos e formatos eficazes foram associados a um maior envolvimento e retenção de conhecimentos. Por outro lado, os desafios enfrentados pelas PME, incluindo as restrições de tempo e a falta de recursos, tiveram um impacto negativo nos resultados do envolvimento e da retenção. Em conclusão, esta investigação contribui com conhecimentos valiosos para a aprendizagem e a formação organizacionais. Ao abordar a complexa interação entre a cultura da segurança da informação, os factores humanos, as estratégias de ensino e a atenuação dos desafios, este estudo proporciona uma compreensão abrangente da eficácia da formação nas PME de TI. Estes conhecimentos podem servir de base para o desenvolvimento de programas de formação que capacitem os funcionários e impulsionem o sucesso organizacional.

CAPÍTULO 1: INTRODUÇÃO

1.0 Resumo do capítulo

Este capítulo apresenta os antecedentes do estudo, o enunciado do problema, o objetivo principal da investigação, juntamente com os objectivos específicos do estudo, as questões de investigação, o âmbito do estudo, a importância do estudo e as limitações do estudo.

1.1 Antecedentes do estudo

Se forem corretamente aplicadas, as normas de segurança da informação podem ser um instrumento inestimável para abordar e controlar os problemas de gestão da segurança. De acordo com estudos, as normas de segurança da informação são um conjunto único de regulamentos que dizem respeito a todos os elementos de uma organização (Antunes, 2021; He e Zhang, 2019). Uma dessas normas é a ISO 27001, que pode regular os controlos sobre processos o procedimentos, como a gestão de contas e o acesso a aplicações. A gestão de contas implica o controlo de várias contas, a confirmação de protocolos de gestão e a designação de funções administrativas. Os controlos de segurança e a documentação das contas formadas são efectuados em várias fases do processo de gestão de contas, como a confirmação da identidade do utilizador e a garantia de acesso (Antunes, 2021). Os direitos de acesso devem ser monitorizados num ambiente empresarial e o protocolo de registo deve ser sempre seguro para os programas a que os utilizadores acedem. Esta norma de segurança de produtos foi concebida para ser utilizada em documentos comerciais e industriais para salvaguardar dados e informações sensíveis

(Alshaikh et al., 2019).

A garantia de segurança dos dados e a confiança de que existe um sistema de cópia de segurança são incentivos comerciais importantes para que as pequenas e médias empresas (PME) se informem sobre os requisitos e processos de adoção da norma ISO/IEC 27001 (Mayer, 2019). No entanto, para que as organizações implementem com sucesso estas normas de segurança, é necessário um programa de Educação, Formação e Sensibilização para a Segurança (SETA) (Alshaikh et al., 2021). Este programa informa os trabalhadores sobre os perigos das violações da segurança e dota-os dos conhecimentos e competências necessários para aderirem à política da empresa. É de notar, no entanto, que o sucesso de um programa SETA depende significativamente dos requisitos dos trabalhadores, como o cumprimento voluntário sustentado e outros factores relacionados com o ser humano (Metwally et al., 2022). Por conseguinte, o desafio das organizações é desenvolver programas de SETA convincentes para incentivar e manter os comportamentos necessários dos utilizadores para melhorar a cibersegurança (Pham et al., 2019). De acordo com He e Zhang (2019), as campanhas de formação e sensibilização sobre cibersegurança de muitas empresas ficam aquém dos seus objectivos. No entanto, as explicações fornecidas implicam que os funcionários experimentam fadiga de segurança ou aconselhamento, uma condição em que se tornam desinteressados e apáticos em relação aos programas de SETA (He e Zhang, 2019). Além disso, este esgotamento tem um custo elevado para as instituições, uma vez que 70 por cento dos incidentes de segurança podem ser atribuídos ao incumprimento da política de segurança por parte dos funcionários. Isto ajuda a explicar por que razão se prevê que o mercado da formação de sensibilização para a cibersegurança atinja 12,1 mil milhões de dólares até 2027, expandindo-se a uma taxa de crescimento anual de 45,6% de 2022 a 2027 (Global Market Estimates, 2022).

A maioria dos problemas de segurança pode ser atribuída a um erro humano direto ou indireto. Pan & Zhang. (2021), indicando que as pessoas são um dos elos mais fracos nos esforços para proteger os activos dos sistemas de informação. Pan & Zhang (2021) afirmam que a educação e a formação dos utilizadores dos sistemas são essenciais para aumentar a sensibilização para a cibersegurança; no entanto, sublinham também que o modo de ensino deve influenciar eficazmente os utilizadores para garantir uma mudança de comportamento. A incapacidade de induzir mudanças comportamentais lança dúvidas sobre a eficácia dos programas SETA. Puhakainen & Siponen (2020), por exemplo, afirmam que os funcionários que recebem formação em segurança informática/cibernética estão mais conscientes de uma vasta gama de questões/ameaças de segurança informática/cibernética e que a formação também tem um impacto positivo nas suas práticas efectivas; no entanto, também observam que nem todas as práticas têm o mesmo impacto positivo, o que levanta questões sobre a eficácia global dos programas SETA. Por conseguinte, o simples facto de receber formação ou de ter conhecimento de um problema é insuficiente (Tu e Yuan, 2014). A aprendizagem ativa sobre segurança é preferível à leitura passiva de materiais de referência, de acordo com a literatura disponível, argumentando que os jogos sérios (como parte de uma estratégia de aprendizagem baseada em jogos) demonstraram ser ferramentas eficazes de instrução e de modificação do comportamento (Meyer, 2015). Por conseguinte, pode ser considerado essencial para melhorar a eficácia do programa SETA de uma organização estabelecer um equilíbrio entre as capacidades técnicas e não técnicas de cibersegurança na organização.

1.2 Declaração do problema

Atualmente, as pequenas e médias empresas (PME) dependem significativamente dos sistemas de TI, o que torna ainda mais essencial a necessidade de práticas sólidas de segurança da informação. Embora a ISO 27001 seja geralmente considerada a norma de ouro para o desenvolvimento e a manutenção de sistemas de gestão da segurança das informações, as pequenas e médias empresas (PME) podem considerar difícil adotar a ISO 27001 e garantir a conformidade do pessoal (Miles et al., 2018). A capacidade dos programas de sensibilização da formação para motivar os funcionários e ajudar a reter o que aprenderam são duas áreas cruciais que exigem investigação adicional. As variáveis humanas, como as caraterísticas psicológicas e cognitivas, são cruciais para o sucesso dos esforços de formação. Embora exista uma grande quantidade de informações sobre os programas de formação de sensibilização para a norma ISO 27001 destinados às PME, nem sempre é claro de que forma estes factores afectam a participação e a retenção de conhecimentos. As pequenas e médias empresas (PME) enfrentam desafios adicionais devido às suas caraterísticas específicas no já complicado ambiente de formação, como a falta de recursos e de conhecimentos especializados. Os factores humanos influenciam a participação, que é um indicador-chave do êxito de um programa de formação. As caraterísticas psicológicas importantes que afectam o potencial de aprendizagem de uma pessoa incluem a atenção, a motivação e a memória. Se os membros do pessoal não estiverem devidamente empenhados, os cursos de formação correm o risco de se tornarem inertes e desinteressantes, conduzindo a resultados de aprendizagem inferiores. Por conseguinte, é crucial concentrar-se em métodos práticos como a gamificação, exemplos reais e métodos interactivos e participativos (Nel, 2017).

O sucesso de qualquer programa de formação depende da capacidade dos participantes para reter e aplicar a informação transmitida. A utilização de actividades de reforço, oportunidades de aprendizagem contínua e a aplicação do material aprendido podem melhorar a retenção de conhecimentos. Nel (2017) defende que a incorporação de avaliações periódicas, exames e plataformas de partilha de conhecimentos são estratégias eficazes de reforço da aprendizagem. Para colmatar esta lacuna, este estudo investigará as variáveis humanas que influenciam a participação e a retenção em iniciativas de sensibilização para a formação ISO 27001 nas pequenas e médias empresas (PME) do sector das TI. Este estudo procura ajudar as pequenas e médias empresas (PME) a melhorar a eficácia dos seus programas de formação, elucidando a relação entre estas variáveis e os resultados que geram.

1.3 Objectivos da investigação

Este estudo investiga os factores humanos que influenciam o envolvimento e a retenção de conhecimentos nos programas de sensibilização da formação ISO 27001 nas pequenas e médias empresas (PME) do sector das TI. Os objectivos da investigação são:

1. Avaliar os factores humanos que influenciam o empenho dos trabalhadores e a retenção de conhecimentos nos programas de sensibilização da formação ISO 27001 entre os trabalhadores das PME.

2. Determinar se as estratégias relacionadas com o ensino afectam o envolvimento dos trabalhadores e a retenção de conhecimentos nos programas de sensibilização da formação ISO 27001 entre as PME.

3. Avaliar os desafios das PME na implementação de programas eficazes de sensibilização para a norma ISO 27001.

4. Avaliar a interação entre a cultura de segurança da informação e os factores humanos e a sua influência no envolvimento dos trabalhadores e na retenção de conhecimentos em programas de formação de sensibilização para a norma ISO 27001 nas PME

5. Propor estratégias para melhorar o envolvimento e a retenção de conhecimentos nos programas de sensibilização da formação ISO 27001 entre as PME.

1.4 Questões de investigação

As questões de investigação que este estudo procura abordar são:

1. Que factores humanos afectam o empenho dos trabalhadores e a retenção de conhecimentos nos programas de formação de sensibilização para a ISO 27001 entre os trabalhadores das PME?

2. As estratégias de ensino estão a afetar o envolvimento dos funcionários e a retenção de conhecimentos nos programas de formação de sensibilização para

a ISO 27001 entre as PME?

3. Que desafios enfrentam as PME na implementação de programas eficazes de sensibilização para a formação em ISO 27001?

4 Qual é a natureza da interação entre a cultura de segurança da informação e os factores humanos e a sua influência no envolvimento dos trabalhadores e na retenção de conhecimentos em programas de formação de sensibilização para a ISO 27001 nas PME?

5. Quais são algumas estratégias para aumentar o envolvimento e a retenção de conhecimentos nos programas de formação de sensibilização para a ISO 27001 entre as PME?

1.5 Importância do estudo

Uma pequena ou média empresa (PME) deve dar prioridade à gestão da segurança da informação se quiser criar uma infraestrutura de TI fiável e manter a confiança das suas partes interessadas (Pfleeger et al., 2016). A gestão da segurança da informação é essencial para as organizações a quem são confiadas informações vitais, incluindo os sectores público e privado. Balozian & Leidner (2017) afirmam que, para que as pequenas e médias empresas (PME) reduzam a sua vulnerabilidade aos riscos de segurança e protejam os seus dados, devem começar por cultivar uma cultura de segurança da informação (CSI). Balozian & Leidner (2017) sugerem que, para colmatar a lacuna de adoção nas PME, todos os funcionários devem receber programas de sensibilização e formação em matéria de segurança da informação. De acordo com numerosos estudos (Bauer et al. 2015), o aumento da sensibilização dos trabalhadores para a importância da segurança da informação pode resultar em mudanças substanciais nas práticas de segurança da informação. As pequenas e médias empresas (PME) gerem dados sensíveis, como informações sobre consumidores, documentos financeiros e propriedade intelectual. Consequentemente, a proteção de dados sensíveis contra intrusões é uma das principais preocupações das pequenas e médias empresas. Os riscos e perigos associados à segurança da informação no local de trabalho podem ser atenuados para as PME se estas implementarem um programa abrangente de sensibilização para a segurança da informação (Chikere & Nwoka, 2015). Esta investigação seria valiosa e benéfica se ajudasse os administradores das pequenas e médias empresas (PME) a desenvolver e implementar um programa abrangente de sensibilização para a segurança da informação. Ao participarem neste programa, as pequenas e médias empresas (PME) estarão mais aptas a proteger informações sensíveis e a ganhar a confiança das suas partes interessadas. As pequenas e médias empresas (PME) podem melhorar as suas práticas gerais de segurança da informação e reduzir a probabilidade de violações da segurança e de perda de dados, dando ênfase ao desenvolvimento de uma cultura de segurança da informação e promovendo a sensibilização dos funcionários (Chikere & Nwoka, 2015).

1.6 Abordagem de investigação

Uma abordagem de investigação é o procedimento que o investigador seleciona para recolher, analisar e interpretar os dados. Existem três abordagens de investigação: quantitativa, qualitativa e métodos mistos. Este estudo utiliza uma abordagem de investigação quantitativa para examinar a relação entre os factores humanos, o envolvimento e a retenção de conhecimentos nos programas de sensibilização da formação ISO 27001 nas pequenas e médias empresas (PME) que operam no sector das TI. Esta abordagem foi selecionada porque permite a medição sistemática e padronizada de variáveis, garantindo que a recolha e a análise de dados são realizadas com elevada objetividade. O rigor estatístico permite uma quantificação precisa das relações, oferecendo uma visão clara da força e da direção das associações entre factores humanos, envolvimento e retenção de conhecimentos. A abordagem quantitativa facilita a obtenção de resultados que podem ser generalizados a uma população mais vasta de pequenas e médias empresas (PME) do sector das TI. Com uma estratégia de amostragem bem definida e uma dimensão adequada da amostra, os resultados do estudo podem fornecer informações significativas para além dos participantes e dos contextos específicos envolvidos.

1.7 Fonte de conhecimento

A base de conhecimento para este estudo deriva de uma gama abrangente e multidisciplinar de fontes. A literatura académica revista pelos pares é uma fonte primária, englobando artigos académicos, trabalhos de investigação e livros de investigadores e especialistas conceituados em segurança da informação, factores humanos, educação e comportamento organizacional. Estes trabalhos académicos oferecem enquadramentos teóricos, estudos empíricos e perspectivas conceptuais que informam a conceção da investigação, as variáveis e as hipóteses do estudo. Para além disso, relatórios do sector, documentos técnicos e documentação oficial relacionados com a ISO 27001 e práticas de segurança da informação fornecem valiosos conhecimentos práticos e contexto do mundo real. Estes documentos contribuem para a compreensão do estudo dos desafios que as pequenas e médias empresas (PME) enfrentam na implementação de programas eficazes de sensibilização para a formação. Além disso, a recolha de dados envolve um questionário estruturado desenvolvido através de uma análise meticulosa das escalas de medição existentes e dos instrumentos validados. Este questionário baseia-se em instrumentos estabelecidos para avaliar o empenhamento, as estratégias de ensino e a cultura de segurança da informação.

1.8 Estrutura do relatório

Esta dissertação está estruturada em cinco capítulos. No Capítulo 1, o contexto, o problema e os objectivos da investigação são claramente enunciados. No capítulo 2, a revisão da literatura aborda os factores humanos e as dificuldades de implementação da norma ISO 27001. A metodologia de investigação é descrita no Capítulo 3. Os resultados empíricos são apresentados no Capítulo 4, que analisa os dados sobre as variáveis humanas e as técnicas bem sucedidas. No Capítulo 5, são destacadas as implicações práticas da investigação e são resumidas as conclusões do capítulo. A conclusão, as recomendações, a autorreflexão e as orientações futuras constam do Capítulo 6.

1.9 Conclusão

Este capítulo lançou as bases para uma investigação abrangente sobre as relações entre os factores humanos, o envolvimento e a retenção de conhecimentos no âmbito dos programas de formação de sensibilização para a ISO 27001 destinados às PME do sector das TI. A importância das normas de segurança da informação, em particular a ISO 27001, foi sublinhada como um quadro fundamental para a proteção dos dados. O problema de investigação foi definido de forma sucinta e centrou-se na otimização dos resultados da formação no contexto das PME. Os objectivos, as questões e a abordagem quantitativa da investigação foram delineados, enquadrando a exploração subsequente da literatura e a análise empírica. O primeiro capítulo estabelece, assim, as bases para um estudo rigoroso destinado a melhorar a eficácia das iniciativas de formação para garantir práticas sólidas de cibersegurança.

CAPÍTULO 2: REVISÃO DA LITERATURA

2.0 Resumo do capítulo

Este capítulo apresenta definições de termos-chave utilizados no estudo de revisões teóricas e empíricas de estudos relevantes. Além disso, o capítulo apresenta um quadro concetual e identifica as lacunas de investigação de estudos anteriores.

2.1 A norma ISO 27001

Um componente importante da ISO 27001 é a sua tentativa de abranger todas as empresas, independentemente do seu tipo, dimensão ou localização (Candiwan, 2014). De acordo com Hamdi et al. (2019), a ISO 27001 é "uma norma para gestão e avaliação de processos que fornece especificações para um Sistema de Gestão da Segurança da Informação (SGSI)". O seu quadro de segurança abrangente tem duas componentes fundamentais (Kaila & Nyman, 2018). A primeira secção descreve os passos necessários para estabelecer, implementar, manter e melhorar um SGSI numa organização. A implementação da ISO 27001 nem sempre é motivada pelos mesmos objectivos em diferentes organizações (Hamdi et al., 2019). Existem dois métodos para as organizações adoptarem a norma ISO 27001. Estas decisões e a sua lógica determinam a intenção e o âmbito de um projeto. As organizações podem limitar-se a cumprir os requisitos mínimos da norma, ou podem ir mais além, obtendo a certificação ISO 27001. Várias cláusulas devem ser cumpridas para que uma organização cumpra ou seja certificada com a norma ISO 27001 (Hamdi et al., 2019). No entanto, devido à imensidão da norma e à complexidade do projeto de implementação, a conformidade pode variar muito

O procedimento de certificação é a fase subsequente. No entanto, é necessário um financiamento adicional para concluir o processo de certificação. Como indicado anteriormente na análise da literatura, as empresas em fase de arranque carecem frequentemente dos recursos necessários para implementar corretamente as medidas de segurança da informação. A menos que exista uma justificação comercial convincente para a certificação completa, é razoável assumir que as empresas procurarão apenas a conformidade com a norma em vez da certificação completa ao abrigo da ISO 27001. Por conseguinte, no contexto do presente estudo, o processo de conformidade com a norma ISO 27001 consiste em implementar a norma ISO 27001 nas empresas.

2.2 A natureza da sensibilização para a segurança da informação

D'Arcy et al. (2019) referem-se aos programas de formação e sensibilização para a segurança como programas de formação e sensibilização para a segurança da informação (ISTA). O principal objetivo da ISTA é promover hábitos seguros no local de trabalho, modificando as atitudes e a conduta dos trabalhadores (De Maeyer, 2017;). Vários académicos identificaram três categorias distintas de atividades de aprendizagem em matéria de segurança da informação: educação, formação e sensibilização (Mani et al., 2014; Whitman, 2018). A educação centra-se no desenvolvimento dos conhecimentos aprofundados necessários para conceber e aplicar um programa de segurança; a formação centra-se no desenvolvimento das competências e dos conhecimentos necessários para que os trabalhadores desempenhem as suas funções de forma segura. O programa

ISTA inclui educação, formação e sensibilização acrescida. O principal público-alvo da educação para a segurança são os profissionais do sector da segurança, como o responsável pela segurança da informação, o gestor de segurança e o consultor de segurança. O ensino da segurança visa formar especialistas em segurança da informação, transmitindo uma compreensão abrangente dos muitos aspectos da segurança e das várias perspectivas (técnica, de gestão e social) a partir das quais estes desafios podem ser encarados.

A formação em segurança tem por objetivo dotar os trabalhadores dos conhecimentos e competências necessários para desempenharem as suas funções em segurança. Vários autores recomendam a formação em segurança para os utilizadores em geral, a fim de aumentar a conformidade com o ISP, envolvendo os utilizadores em questões abordadas pelo ISP, como a gestão de senhas, práticas de segurança adequadas e comunicação de incidentes de segurança (Whitman & Mattord, 2018). Devido às suas responsabilidades, os utilizadores técnicos podem receber formação em matéria de segurança. No entanto, a terminologia utilizada para descrever as actividades associadas a estes três segmentos é inconsistente com as suas definições e objectivos na literatura, apesar de oferecer três níveis de aprendizagem e visar três grupos organizacionais distintos. A literatura de investigação contém educação, formação e sensibilização para a segurança (SETA), formação de sensibilização para a segurança e sensibilização para a segurança da informação. Tsohou et al. (2018) avaliaram a literatura existente para determinar as distinções entre educação, formação e sensibilização em matéria de segurança.

Algumas considerações da AIS (factores a nível pessoal) influenciam as acções dos funcionários que se espera que adiram às políticas de informação. A motivação dos funcionários para a conformidade é essencial para que estas sejam eficazes (McCormac et al., 2017). (Tsohou et al., 2018) Ao desenvolver iniciativas de sensibilização, pode ser benéfico ter em conta factores de sensibilização organizacionais, como a cultura. A Agência da União Europeia para a Segurança das Redes e da Informação (2017) investigou as variáveis de ISA a nível organizacional, dando ênfase à cultura organizacional. De acordo com Tsohou et al. (2018), são necessárias alterações na sensibilização a nível executivo para afetar a estratégia de segurança da informação, a dinâmica de poder e a atribuição de responsabilidades. De acordo com Tsohou et al. (2018), uma mudança significativa na sensibilização para os incidentes de segurança requer factores humanos e organizacionais (atitudes e comportamentos de trabalho dos trabalhadores em relação à segurança).

2.3 A estrutura dos programas de formação ISA

De acordo com o NIST SP 800-16 (2018), uma organização pode utilizar um programa ISA para divulgar os requisitos de segurança em toda a empresa. Consequentemente, um programa sólido de ISA e de formação fornece uma base sólida para elucidar as práticas de segurança dos activos de dados. O programa incorpora discussões sobre a conformidade com o ISP. A formação de sensibilização para a segurança da informação deve preceder a aplicação de sanções por incumprimento das PSI por parte dos trabalhadores. Os trabalhadores devem ser informados e expostos às normas de formação em matéria de conformidade e sensibilização para a segurança da informação. Para dar um enfoque distinto à formação em ISA, o enquadramento de um programa de ISA exige que uma organização decida quais os comportamentos dos trabalhadores que serão recompensados e quais os que serão punidos (McCormac et al., 2017; Hamid & Dali, 2020).

De acordo com Khando et al. (2021), a ISA afecta significativamente a confiança dos trabalhadores na sua capacidade de obter benefícios e evitar os custos do cumprimento dos regulamentos de segurança. De acordo com Hamid e Dali (2020), os trabalhadores que valorizam a segurança da informação e a ISA têm maior probabilidade de cumprir as políticas de segurança da informação. Uma ISA e um programa de formação devem educar os trabalhadores sobre a segurança geral da informação e a política de segurança da organização (Dhakal, 2018) para garantir que todos os trabalhadores compreendem os mesmos princípios de segurança da informação. Um programa de segurança da informação ensina os funcionários a realizarem o seu trabalho de forma segura (Gilbert, 2017), em vez de ensinar os consumidores a executarem as suas tarefas com exatidão.

A sensibilização para a segurança da informação, a formação em segurança da informação e a educação em segurança da informação são conceitos distintos que podem ser utilizados para ilustrar o enquadramento de um programa de ISA. A Publicação Especial 800-16 do NIST, 2018, refere que "os programas de sensibilização para a segurança da informação ajudam as organizações a prepararem-se para a formação, moldando as atitudes do seu pessoal relativamente à importância da segurança da informação e às consequências do incumprimento das políticas de segurança da informação". A formação em segurança da informação tem como objetivo dotar os funcionários das competências necessárias para o desempenho eficaz das suas funções (NIST Special Publication 800-16, 2018). Por outro lado, a educação para a segurança da informação é concebida para as autoridades de segurança das TIC e dá ênfase ao desenvolvimento das competências necessárias para desempenhar funções de segurança complexas (NIST Special Publication 800-16, 2018). De acordo com Wilson e Hash (2019), a aprendizagem é um processo contínuo que começa com a compreensão, avança através da prática e termina com a instrução, conforme ilustrado na Figura 1 abaixo.

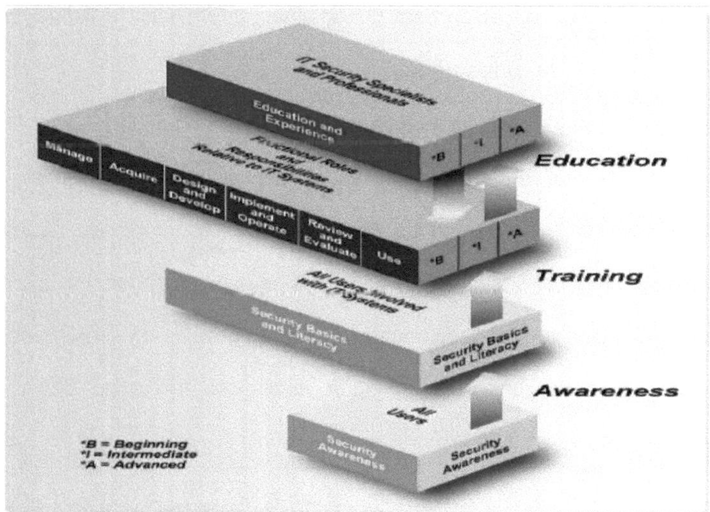

Figura 1 - O continuum da aprendizagem (Wilson & Hash, 2019)

As três fases do processo contínuo de aprendizagem são resumidas da seguinte forma:

Sensibilização: O objetivo do programa ISA é educar e incentivar os formandos a terem consciência da segurança e a serem lembrados dos procedimentos essenciais de segurança (NIST Special Publication 800-16, 2018), uma vez que o formando é apenas o destinatário da informação e não participa ativamente. Os veículos de divulgação mais eficazes para esta aprendizagem contínua são os cartazes e os folhetos.

Formação: A publicação 800-16 (2018) do National Institute of Standards and Technology (NIST) define a formação como "um contínuo de aprendizagem que fornece capacidades, competências e aptidões que são adaptadas a um funcionário individual com base na sua função dentro da organização". A formação pode ser concebida para principiantes, intermédios e especialistas, entre outros níveis de competências.

Educação: Na fase de Educação da aprendizagem contínua, todas as aptidões e competências de segurança das várias especializações funcionais são consolidadas num único corpo de conhecimentos. As empresas raramente investem no desenvolvimento profissional dos seus empregados, incorporando formação e educação em segurança nos seus programas de sensibilização e formação. A abordagem para comparar estes três níveis de SETA está representada na figura 2 abaixo.

	Awareness	Training	Education
Attribute:	"What"	"How"	"Why"
Level:	Information	Knowledge	Insight
Objective:	Recognition	Skill	Understanding
Teaching Method:	Media - Video - Newsletters - Posters, etc.	Practical Instruction - Lecture - Case study workshop - Hands-on practice	Theoretical Instruction - Discussion seminar - Background reading
Test Measure:	True/False Multiple Choice (identify learning)	Problem Solving (apply learning)	Essay (interpret learning)
Impact Timeframe	Short-term	Intermediate	Long-term
Attribute:	"What"	"How"	"Why"

Figura 2 - O quadro comparativo da NSIT 800-12

No presente estudo, serão examinados os extremos de aprendizagem e ensino do continuum. As iniciativas de sensibilização para a segurança da informação começam normalmente com a sensibilização para a questão, passando depois à formação e, por último, à educação formal para transmitir os conhecimentos recém-adquiridos (Nieles et al., 2017). No entanto, a formação deve abranger todos os aspectos da segurança que os participantes precisam de conhecer para cumprirem as suas responsabilidades quotidianas de acordo com as instruções. É essencial comunicar informações sobre segurança da informação de uma forma que todos os funcionários possam compreender (Dhakal, 2018).

A mensagem deve explicar porquê e como deve ser mantida a confidencialidade.

Os três pilares da segurança da informação que devem apoiar qualquer programa de formação são a confidencialidade, a integridade e a disponibilidade (Whitton & Mattord, 2018). Para que uma organização atinja os seus objectivos, os seus programas de formação e sensibilização devem estar alinhados com a sua missão declarada. De acordo com a Teoria da Cultura Organizacional (Schein, 2014), a missão de uma empresa é um dos seus valores mais significativos. Os objectivos declarados, a missão ou as caraterísticas distintivas de uma empresa são os seus valores proclamados (Schein, 2004). Depois de uma organização ter comunicado o seu plano de segurança da informação, a primeira fase consiste em educar e formar os funcionários em matéria de segurança. A secção seguinte abordará os passos necessários para lançar o programa de formação e sensibilização para a segurança.

2.4 Estratégias e abordagens da ISTA

Existem várias estratégias e abordagens ISTA documentadas na literatura atual. Por exemplo, Kajzer et al. (2017) examinam a relação entre os temas das mensagens e as pessoas. Os resultados do estudo implicam que pessoas com antecedentes comparáveis podem reagir de forma diferente às mensagens de sensibilização. Os resultados poderiam fornecer dados úteis à equipa de desenvolvimento da ISTA, permitindo-lhes melhorar o programa através da adaptação das mensagens a utilizadores específicos. De acordo com Vincent e Ross (2017), as preferências de aprendizagem e o tipo de personalidade específicos de cada formando devem ser tidos em conta para que a formação seja bem sucedida. De Maeyer (2017) falou com outros consultores e peritos em segurança no âmbito da sua investigação. Com base nos contributos dos participantes, o autor concluiu que o programa ISTA existente era improdutivo porque era mal planeado e avaliado. A incapacidade de definir o sucesso, a falta de apoio da gestão de topo, a omissão das exigências de uma das principais partes interessadas e a atribuição inadequada de recursos são exemplos de planeamento inadequado. A avaliação incorrecta do programa pode ser atribuída à concentração nos conhecimentos de segurança e não no comportamento. De Maeyer (2017) afirmou ainda que a equipa de segurança da informação e as partes interessadas importantes devem ser incluídas na formulação do programa ISTA para aumentar a sensibilização para a segurança e promover uma cultura de segurança.

A sensibilização para a segurança da informação pode ser promovida através de um paradigma criado por Vroom e Solms (2018). Os autores forneceram uma aplicação viável do paradigma proposto, propondo que o programa fosse implementado através de um sítio Web que promovesse a sensibilização. Outra opção viável para a educação e formação em segurança da informação é o método de Power e Forte (2016). Os autores analisaram uma organização multinacional como estudo de caso e, com base nas suas conclusões, propuseram um programa de sensibilização e formação em segurança da informação em três fases. A fase I procura envolver todos os funcionários no processo de segurança da empresa da forma mais eficiente e económica. Consiste nas cinco fases abaixo indicadas: Desenvolver um programa de eLearning de 45 minutos para os funcionários; 1) estabelecer um dia anual de segurança observado; 2) distribuir um boletim informativo bimensal sobre questões de segurança; 3) incluir uma apresentação de 45 minutos sobre responsabilidades de segurança na orientação de novos funcionários; 4) criar uma equipa de projeto composta por participantes de TI, RH, Risco e outras partes interessadas relevantes; 5) criar uma equipa de projeto composta por participantes de TI, RH, Risco e outras partes interessadas relevantes. A Fase II reforça as medidas anteriores, organizando workshops de dois dias sobre segurança técnica para profissionais de TI. A Fase III consiste em formar os quadros superiores da empresa em matéria de segurança (relatório de incidentes e avaliação de riscos), avaliar a eficácia do programa ISTA e enviar-lhes informações vitais e alertas precoces.

Power e Forte (2016) inquiriram os diretores e gestores de TI das empresas para analisar melhor o programa. De acordo com as conclusões, a equipa de segurança global criada na Fase I reforçou a segurança da organização. De acordo com o inquérito, aqueles que participaram nos seminários do dia de formação global consideraram que estes beneficiaram as suas carreiras. De acordo com Puhakainen e Siponen (2016), os métodos de formação com uma base teórica e validação empírica são escassos. O resultado foi um currículo baseado na modelação da probabilidade de elaboração e na teoria instrucional construtiva universal. Puhakainen e Siponen (2016) avaliaram a eficácia do programa de formação através de investigação-ação. A investigação oferece recomendações úteis, como a utilização de mensagens activas e motivadoras e de técnicas de apresentação.

Khan et al. (2017) forneceram um exemplo teórico adicional de um modelo ISTA. De acordo com os autores, é dada demasiada ênfase à educação das pessoas sobre as melhores práticas e não o suficiente para as motivar a alterar as suas atitudes e comportamentos. Khan et al. (2017) desenvolveram uma metodologia para desenvolver uma campanha de sensibilização para a segurança bem sucedida. As bases do modelo são os Cuidados de Saúde, a Motivação para a Informação-Comportamento (IMB) e a consciência ecológica (Normas Sociais Normativas). De acordo com esta estratégia, a base de qualquer campanha de sensibilização bem sucedida é o estabelecimento de normas sociais através da comunicação e da colaboração. A combinação de normas sociais normativas, incentivos pessoais e sociais e uma mudança de comportamento pode aumentar a consciencialização dos empregados para a segurança da informação.

Com base nas suas conclusões, Karjalainen e Siponen (2017) classificaram as actuais técnicas de desenvolvimento da ISTA em sete categorias. Em seguida, desenvolveram uma metateoria propondo quatro caraterísticas pedagógicas que todas as estratégias de formação em segurança devem abordar. Teoricamente, foram apresentadas sugestões razoáveis relativamente à estrutura dos programas. Puhakainen e Siponen (2016) sublinharam a necessidade de um programa ISTA ser meticulosamente planeado. O objetivo deste capítulo é lançar as bases para um conjunto abrangente de procedimentos de gestão de programas ISTA. As organizações podem utilizar o quadro proposto como guia para a gestão do seu programa ISTA. O quadro proposto tem por objetivo facilitar a gestão eficiente das iniciativas ISTA, fornecendo às empresas orientações abrangentes e coerentes. As teorias da aprendizagem e do comportamento, bem como o desenvolvimento e a distribuição de materiais didácticos, estão fora do âmbito desta investigação.

2.5 Pessoas e factores humanos na segurança da informação

As variáveis humanas incluem as condições do local de trabalho, as influências sociais e as caraterísticas individuais que afectam a forma como as pessoas reagem. Alavi (2016) observa que os seres humanos são uma barreira significativa para os sistemas de segurança da informação porque tomam decisões arbitrárias e subjectivas que colocam em risco os dados sensíveis. A vulnerabilidade dos seres humanos é uma falha significativa na segurança da informação, uma vez que a engenharia social é frequentemente utilizada para obter acesso ilícito a dados sensíveis. Os factores humanos estão relacionados com a forma como as pessoas percepcionam e sentem o seu trabalho e a organização. No que diz respeito às palavras-passe, Al Hogail & Mirza (2017) observam que os utilizadores ainda as partilham com colegas, escrevem-nas à vista de todos e não as alteram após longos períodos de tempo, o que constitui um risco para a confidencialidade das informações sensíveis. A alteração deste comportamento exige uma instrução e educação alargadas. Os erros humanos, as omissões ou as acções deliberadas perpetuam as vulnerabilidades, apesar da formação, da sensibilização e da educação dadas aos indivíduos e das sanções definidas para os comportamentos que violam os procedimentos e processos de segurança para proteger a informação. Embora sejam afectados fundos significativos ao dispositivo de cibersegurança, Henry (2018) observa que o elemento humano e a cultura de segurança das organizações recebem muito pouca atenção.

Para abordar os factores humanos que contribuem para as ameaças à segurança da informação, as organizações devem dar prioridade às actividades de formação, sensibilização e educação. As organizações podem incentivar os empregados a assumir a responsabilidade pela segurança dos dados, fornecendo-lhes os conhecimentos e as ferramentas necessárias (Jeimy, 2019). Os programas de formação devem educar os participantes sobre vários tópicos relacionados com a segurança, como a necessidade de palavras-passe fortes, a identificação de tentativas de engenharia social, a gestão de dados sensíveis e as repercussões do não cumprimento dos protocolos estabelecidos (Alavi, 2016).

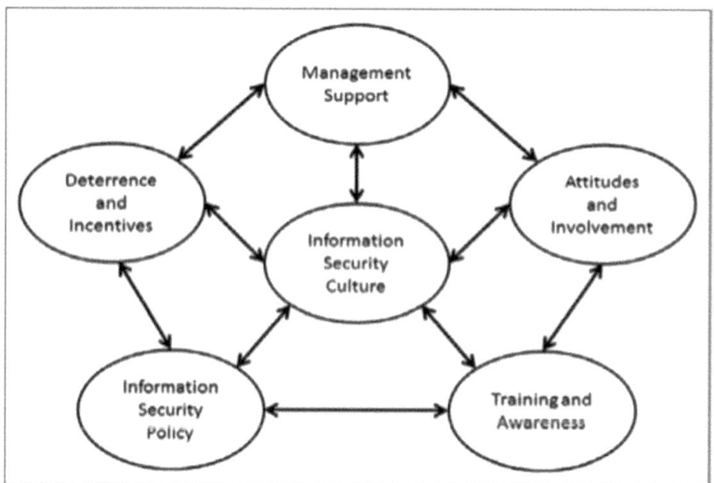

Figura 3 - Factores humanos na segurança da informação (W. Glaspie, H. e Karwowski, W.2018)

Para além das campanhas de educação e sensibilização, muitas organizações aplicam medidas disciplinares contra os trabalhadores cujas acções comprometem a segurança da informação. Existem muitos métodos, por exemplo, para melhorar a situação financeira de um trabalhador. Estas são formas de reconhecer os colaboradores pelos seus contributos para a organização. No entanto, os empregados cujas acções contradizem os valores da empresa devem enfrentar retaliações. Isto é exigido pela racionalidade organizacional. Os trabalhadores são os utilizadores finais de um determinado sistema informático, mas nem sempre estão conscientes das repercussões das suas acções. Alguns trabalhadores pensam que a única responsabilidade das TI é proteger os dados mais sensíveis da empresa. No entanto, isto não é verdade. Todos são responsáveis pela proteção dos dados sensíveis da organização.

Uma participação inadequada na segurança dos dados pode ter consequências (Wang et al., 2022). Se os funcionários forem incentivados a aderir à política de segurança da informação da empresa, eles fá-lo-ão. Com a ajuda de normas de segurança da informação, gestão interna dos riscos, conformidade com as políticas e leis governamentais, proteção contra ameaças à informação e apoio da direção, uma organização pode concretizar os seus objectivos de melhoria do desempenho. Estas medidas destinam-se a cultivar uma cultura de segurança em que os funcionários conhecem a importância da proteção de dados e são recompensados por aderirem às normas de segurança (Aleksandar, 2019). No entanto, as vulnerabilidades e a divulgação de informações podem ainda ocorrer apesar da implementação de formação, sensibilização e sanções (Jeimy, 2019). Este facto realça a necessidade de avaliar e atualizar regularmente os programas de formação para ter em conta novos riscos e alterações na conduta dos trabalhadores.

Um obstáculo significativo à abordagem dos elementos humanos nos programas de sensibilização para a formação no âmbito da ISO 27001 é a pouca importância dada ao elemento humano na cultura de segurança global das organizações. Normalmente, são atribuídas grandes somas de dinheiro às técnicas e tecnologias de cibersegurança, enquanto a investigação e a ação sobre o comportamento humano recebem menos atenção (Henry, 2018). Esta disparidade pode prejudicar a postura geral de segurança da informação e reduzir a eficácia dos programas de formação ISO 27001. Por conseguinte, as empresas devem reconhecer a importância de investir na proteção do seu capital humano, estabelecendo uma cultura de segurança generalizada.

Uma cultura de segurança florescente requer a adesão da liderança, canais de comunicação abertos e a participação do pessoal (Henry, 2018). Ao apoiarem e defenderem ativamente as medidas de segurança, os líderes podem demonstrar o seu empenho na segurança da informação. Esta estratégia descendente pode fomentar uma cultura de responsabilização e responsabilidade em relação à segurança da informação, influenciando as atitudes e o comportamento dos funcionários (Aleksandar, 2019). Estratégias de comunicação eficazes, como actualizações de segurança frequentes, boletins informativos e sessões de formação, podem reforçar a importância das práticas de segurança e garantir que os trabalhadores estão cientes dos riscos emergentes e das práticas recomendadas (Jeimy, 2019). Além disso, as organizações devem proporcionar oportunidades aos trabalhadores para participarem em actividades relacionadas com a segurança. Quando os trabalhadores acreditam que têm um interesse no sucesso destas iniciativas, é mais provável que se mantenham vigilantes e adiram às normas de segurança (Alavi, 2016). Incentivar os trabalhadores a partilharem as suas perspectivas torna as práticas de segurança mais acessíveis e aplicáveis à vida quotidiana dos trabalhadores.

2.6 O papel da cultura de segurança da informação

O principal objetivo da maioria dos programas de sensibilização e formação em matéria de segurança é reforçar o sentimento de segurança entre os trabalhadores (Whitman & Mattord, 2016). Quando as pessoas são ensinadas a valorizar a segurança, é mais provável que incorporem a segurança da informação nas suas rotinas sem se aperceberem. As campanhas de formação e sensibilização que realçam a importância da segurança em todas as facetas do trabalho podem influenciar as atitudes e os comportamentos dos trabalhadores em relação à segurança da informação. No entanto, as atitudes, valores e crenças prevalecentes em matéria de segurança são os principais factores de mudança de comportamento. O estabelecimento de um ISC numa organização tem sido objeto de investigação prévia (Mousavi & Kumar, 2019). Ao cultivar uma cultura de segurança, os objectivos de segurança organizacional podem ser apoiados, tais como incentivar acções seguras e incutir um sentimento de segurança nos trabalhadores (Chen et al., 2017).

As normas e práticas organizacionais do pessoal de uma organização estão a ser modificadas para salvaguardar mais eficazmente os dados sensíveis. Programas consistentes de comunicação, sensibilização, formação e educação sublinham a importância de os funcionários aderirem às regras e procedimentos de segurança da informação e de os aplicarem com cuidado (Mahfuth et al., 2017). De acordo com a PSI, o SCI é orientado pela visão da direção com o apoio da administração, que se reflecte nos artefactos da organização e na atitude do seu pessoal.

O ISC é influenciado pelos ambientes interno e externo de uma organização (Da Veiga & Martins, 2015). A liderança e a estrutura organizacional compõem o ambiente interno, enquanto o clima económico da indústria e a intensidade tecnológica compõem o ambiente externo. Estes contextos, de acordo com Da Veiga e Martins (2015), Da Veiga e Eloff (2016) e Schlienger e Teufel (2019), suscitam comportamentos que se assemelham aos procedimentos padrão de uma organização. Os trabalhadores que estão conscientes dos riscos e perigos de segurança, para além das medidas preventivas, contribuem para uma cultura de segurança forte (ECD, 2015). O principal objetivo de uma cultura forte é garantir a segurança dos dados sensíveis, criando um ambiente que encoraje constantemente os empregados a fazerem o que está certo.

Schein (2004) afirma que há três níveis em que a cultura de uma organização pode ser exibida: artefactos, ideais proclamados e normas implícitas. Os artefactos, como as acções dos empregados ou as estruturas tangíveis, podem fornecer uma visão da cultura de uma organização ao nível do artefacto. Uma vez que a cultura empresarial é tão superficial, não pode explicar adequadamente o comportamento dos trabalhadores (Schein, 2004). Ao nível dos valores assumidos, a cultura de uma organização reflecte-se nos seus documentos públicos e nos mecanismos que utiliza para implementar e fazer cumprir a sua visão, missão, normas e outras ideias de nível superior (Arbanas et al., 2021).

Os documentos públicos da organização são um formato comum para iniciativas de educação, formação e sensibilização em matéria de segurança (Arbanas et al., 2021). Isto aumenta a familiaridade dos trabalhadores com a visão, a missão, as normas e as ideias da organização. Por conseguinte, os programas de formação e sensibilização em matéria de segurança visam modificar os valores e crenças subjacentes dos trabalhadores de uma organização (Arbanas et al., 2021). O nível mais elevado de cultura caracteriza-se pelo estabelecimento e adoção generalizada de um conjunto de normas, valores e crenças detidos por todos os membros da organização. Neste ponto, os valores e crenças partilhados da cultura da organização estão incorporados nas acções de rotina dos seus membros. As organizações que procuram a excelência na cultura desenvolvem e executam programas de segurança abrangentes que cultivam um conjunto partilhado de crenças que todos reconhecem como verdadeiras (Schlienger & Teufel, 2019). Chen et al. (2017) defendem que, à semelhança da teoria da cultura organizacional de Schein, a CIS é composta por três fases, como se pode ver na Figura 4.

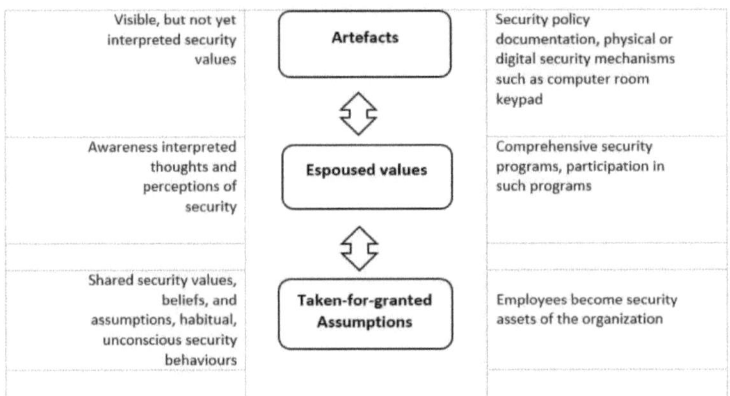

Figura 4-- Teoria da cultura organizacional de Schein (Chen et al., 2015)

Os artefactos consistem no bloqueio de salas de computadores, sistemas de videovigilância e procedimentos de autenticação que podem ser observados por um observador. Todas as ISP, ISA e iniciativas educativas partilham as mesmas convicções fundamentais. As políticas de segurança da informação (PSI) servem de base para o desenvolvimento de um conjunto de valores e pressupostos partilhados relativamente à segurança da informação, delineando a visão, o objetivo e as normas da organização nesta área. O controlo é implementado através de programas de formação e sensibilização para a segurança da informação, que asseguram que os valores e crenças dos empregados se reflectem nas regras que regem a proteção de dados sensíveis. Por último, mas não menos importante, os pressupostos assumidos a um nível mais profundo são as opiniões e ideias comuns dos funcionários sobre segurança, que influenciam substancialmente as suas acções (Nasir et al., 2019).

De acordo com a investigação realizada por Chen et al. (2015), os programas de formação e sensibilização em matéria de segurança afectam significativamente a cultura de segurança das empresas. Assim, embora exija mais trabalho e tempo, um programa de formação e sensibilização em matéria de segurança bem concebido e ministrado pode modificar as atitudes e a compreensão da segurança da informação por parte dos funcionários. Os programas de formação e sensibilização em matéria de segurança podem também contribuir para desenvolver uma cultura de segurança numa organização em que todos são responsáveis pela proteção dos dados.

CAPÍTULO 3: METODOLOGIA DE INVESTIGAÇÃO

3.0 Introdução

Esta secção aborda os métodos de recolha e análise de dados para a investigação. Este capítulo abrange os subtópicos da conceção da investigação, dos participantes pretendidos, da estratégia de amostragem, dos instrumentos, da recolha de dados e da análise. O capítulo termina com um resumo conciso das análises estatísticas efectuadas.

3.1   Conceção da investigação

Este estudo utilizou um modelo de investigação descritivo e explicativo para analisar se os programas de sensibilização para a formação atraem e retêm efetivamente os trabalhadores. As variáveis de investigação foram analisadas utilizando estatísticas descritivas para extrair informações sobre os empresários que receberam formação empresarial. As variáveis independentes nesta análise foram os factores humanos, as metodologias de instrução e a cultura do ISC. A metodologia de investigação exploratória descritiva fornecerá informações úteis para compreender as inter-relações e os padrões entre as variáveis, orientando assim o desenvolvimento de técnicas para melhorar a participação no programa e a retenção de informação.

3.2   População-alvo

A população-alvo deste estudo são as PME do sector das TI em Lagos. Lagos é o local ideal para analisar os factores que contribuem para o sucesso das iniciativas de sensibilização para a formação em ISO 27001 destinadas às pequenas e médias empresas (PME) do sector da informação.

sector tecnológico, dado o seu estatuto de grande centro financeiro global e de fonte de inovação tecnológica (Patton, 2018). As PME em Lagos desempenham um papel essencial na economia local e são responsáveis pela administração de recursos de informação vitais. De acordo com os relatórios, o sector das tecnologias da informação em Lagos tem, pelo menos, 500 pequenas e médias empresas. Esta é uma representação aproximada da população-alvo do estudo. É difícil determinar o número exato e é provável que este se altere ao longo do tempo devido à natureza transitória das actividades comerciais. Estas pequenas e médias empresas fornecem uma vasta gama de serviços e bens relacionados com as TI, incluindo desenvolvimento de software, apoio informático, cibersegurança e publicidade em linha. Podemos explorar a dinâmica, as questões e as práticas dos cursos de formação de sensibilização para a ISO 27001 nesta atividade, concentrando-nos nas pequenas e médias empresas (PME) do sector das TI. A formação destinava-se a empresas que satisfaziam os critérios das "Pequenas e Médias Empresas", definidas como empregando entre 11 e 49 pessoas para as "Pequenas Empresas" e entre 50 e 100 pessoas para as "Médias Empresas", e que estavam em atividade há pelo menos dois anos antes de receberem a formação.

3.3 Dimensão e técnica da amostragem

Utilizando uma técnica de amostragem intencional, seria retirada uma amostra representativa da população de aproximadamente 500 PME no sector das TI de

Lagos. A seleção de uma amostra com atributos aceitáveis ou experiência de trabalho adequada é mais fácil com uma abordagem de amostra intencional (Patton, 2014). Esta estratégia de amostragem garante que a amostra é constituída apenas por PME do sector das TI, a fim de reforçar a capacidade do estudo para captar uma compreensão aprofundada dos factores de envolvimento e de retenção de conhecimentos nos programas de sensibilização para a formação no âmbito da norma ISO 27001. Para determinar a dimensão da amostra, será utilizada a fórmula de Pearson para estimar as dimensões da amostra. Utilizando a fórmula de Pearson, determinamos que a dimensão ideal da amostra é 384.

3.4 Recolha de dados e instrumento de recolha

A recolha de dados para este estudo será efectuada através de um questionário em linha. A utilização de um questionário em linha tem inúmeras vantagens, incluindo menos tempo gasto na recolha de dados, menos dinheiro gasto em portes de correio e a possibilidade de os inquiridos responderem ao seu próprio ritmo (Dillman, Smyth, & Christian, 2014). O objetivo do inquérito em linha é recolher dados dos trabalhadores das PME relativamente à sua participação e retenção de informação dos programas de sensibilização da formação ISO 27001. Utilizando métricas estabelecidas e perguntas do inquérito, será possível quantificar o envolvimento dos funcionários, a retenção de conhecimentos e outros factores humanos essenciais. O inquérito consistirá em questões de escala de Likert, como se vê na Figura 5, questões de escolha múltipla e comentários abertos. Utilizando as perguntas da escala de Likert, os participantes podem indicar o seu nível de concordância ou discordância com as afirmações relativas à participação e à retenção de informação. Através de perguntas de escolha múltipla, serão recolhidas informações demográficas e outras informações contextuais. Em resposta a perguntas abertas, os participantes podem partilhar as suas experiências pessoais e perspectivas sobre o tema em questão. Para recolher o máximo de informação possível, será distribuído um questionário em linha por correio eletrónico, redes sociais e redes profissionais a potenciais participantes. Os dados serão recolhidos ao longo de quatro semanas para dar tempo suficiente aos participantes para responderem. Serão enviados lembretes regulares para aumentar as taxas de resposta e garantir que a amostra seja tão representativa quanto possível. Este estudo utiliza um inquérito online para recolher eficazmente dados quantitativos de uma amostra representativa de PMEs na indústria de TI de Lagos.

Question	Response Options[Likert Scale: 1 - Strongly Disagree, 5 - Strongly Agree]
To what extent do you believe that the organization values information security?	
How clear is the communication about security practices in the organization?	

Figura 5 - Variáveis da escala de Likert

3.4.1 Teste de fiabilidade

A fiabilidade de um teste é a sua capacidade de fornecer resultados exactos de forma consistente. As perguntas estavam divididas em duas secções, com perguntas semelhantes mas ligeiramente mais difíceis. Um teste é fiável se a correlação entre as metades for elevada (Fellows & Liu, 2021). As duas classificações de cada inquirido foram calculadas independentemente dos dados agregados. Foi utilizado o coeficiente de correlação produto-momento de Pearson. O valor do coeficiente de correlação de 0,90 indica um grau de fiabilidade extremamente elevado. Depois de determinar a fiabilidade do equipamento utilizado no estudo (Fellows & Liu, 2021), o investigador recolheu ele próprio todos os dados. A medida final utilizada para verificar a fiabilidade dos instrumentos foi o Alfa de Cronbach. Este procedimento é recomendado por Fellows & Liu (2021) porque fornece uma correlação mediana entre a metade e a metade para todas as partições viáveis. O Coeficiente Alfa de Cronbach é um indicador fiável da consistência interna de uma escala na investigação descritiva.

3.5 Análise de dados

Os dados foram examinados utilizando técnicas estatísticas descritivas e inferenciais. Walliman (2021) afirma que a estatística descritiva emprega técnicas numéricas e gráficas para identificar tendências, resumir dados e apresentar conclusões num formato facilmente digerível. As médias, as percentagens e as frequências foram as medidas de estatística descritiva mais utilizadas. A estatística inferencial, o teste t e a regressão multiplicadora, por outro lado, utilizaram dados de um subconjunto do todo para concluir o todo. Os exemplos incluem o teste t, a análise de variância e a análise de regressão múltipla.

3.5 Considerações éticas

Ao longo da investigação, serão tidas em conta várias considerações éticas. Em primeiro lugar, todos os participantes darão o seu consentimento informado. Antes de iniciar o estudo, cada participante receberá uma explicação aprofundada dos objectivos, métodos, riscos, benefícios e do seu direito incondicional de se retirar a qualquer momento. Antes de prosseguir, todas as pessoas envolvidas terão a oportunidade de colocar questões e dar o seu consentimento informado. Não haverá qualquer violação da confidencialidade ou do anonimato. Todos os dados serão geridos com a máxima discrição e as informações pessoais serão mantidas separadas das respostas ao inquérito. As informações serão encriptadas e armazenadas num local seguro, impedindo a identificação dos inquiridos. Para salvaguardar a privacidade dos participantes, apenas forneceremos dados que tenham sido agregados e tornados anónimos. Os participantes terão a opção de interromper a sua participação em qualquer altura, uma vez que a participação será totalmente voluntária. Os participantes terão controlo total sobre a sua participação no estudo e podem desistir a qualquer momento sem repercussões. Reconheceremos e geriremos adequadamente quaisquer potenciais preconceitos ou conflitos de interesses. O investigador conduzirá e comunicará o estudo de forma objetiva e transparente. A investigação respeitará igualmente a confidencialidade e a propriedade intelectual dos participantes. Todos os materiais de investigação utilizados serão citados de forma adequada e todas as reivindicações de autoria e propriedade serão respeitadas.

Sem a aprovação deste tópico através do formulário de aprovação de ética, conforme consta do Apêndice 1, o estudo não prosseguirá. Tendo em conta estas considerações éticas, a investigação procura contribuir para a condução responsável e ética da investigação nas iniciativas de sensibilização para a formação ISO 27001 nas pequenas e médias empresas.

CAPÍTULO 4: ANÁLISE DE DADOS E CONCLUSÕES

4.1 Introdução

Este capítulo examina a análise meticulosa e a apresentação dos dados recolhidos. O objetivo é abordar completamente os objectivos da investigação enumerados na Introdução do Capítulo 1. A apresentação dos dados demográficos dos participantes na investigação segue-se a um resumo do objetivo do capítulo que destaca a taxa de resposta. Este estudo de base prepara o leitor para as partes seguintes, que se debruçam sobre análises descritivas e inferenciais para obter informações sobre as variáveis que afectam o envolvimento e a retenção de conhecimentos nos programas de sensibilização para a formação em ISO 27001 entre as PME de TI.

4.2 Informações sobre os participantes

Para este estudo, foi aplicado o questionário a 384 participantes de várias PME de TI em Lagos. A análise baseia-se nas respostas de 288 participantes, o que resulta numa taxa de resposta de 75%. Esta taxa de resposta significa um forte nível de interesse e envolvimento dos participantes, reforçando a validade dos dados recolhidos. O perfil demográfico inclui os anos de experiência na indústria das TI e as funções actuais dos participantes.

Figura 6 -- Anos de experiência

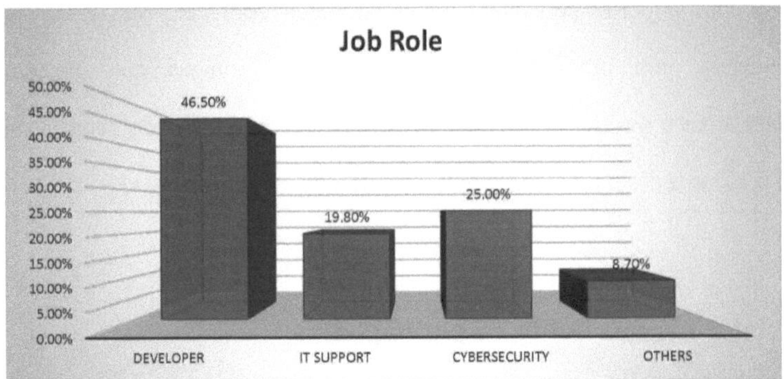

Figura 7 - Funções de trabalho

Os dados da figura 6 mostram que a maioria dos inquiridos tem mais de três anos de experiência, sendo que 38,9% têm entre quatro e seis anos de experiência. Isto mostra que a amostra tem uma proporção considerável de profissionais a meio da carreira. De forma notável, na figura 7, os programadores constituem a maior percentagem (46,5%), demonstrando a sua forte participação nas PME de TI. Como resultado do enfoque nas *profissões relacionadas com a segurança no sector das TI, os trabalhadores de apoio às TI representam 19,8% da amostra, enquanto os especialistas em cibersegurança representam 25,0%. Os participantes noutros empregos constituem os restantes 8,7%, representando*

uma gama mais vasta de responsabilidades profissionais.
4.4 Análise descritiva

O investigador procede a uma análise descritiva dos dados obtidos nesta parte, a fim de proporcionar uma visão global dos factores relacionados com os objectivos do estudo.

4.4.1 Cultura e envolvimento na segurança da informação

Esta subsecção examina cuidadosamente as impressões dos participantes sobre o empenho da sua organização na segurança da informação, a transparência da comunicação sobre os procedimentos de segurança, a sua confiança na proteção de dados sensíveis e a sua participação em actividades de segurança.

Variable	N	Minimum	Maximum	Mean	SD
Organization's Commitment to Security	288	2	5	4.23	0.72
Clarity of Communication about Security	288	2	4	3.98	0.84
Confidence in Data Safeguarding	288	2	5	4.11	0.76
Involvement in Security Initiatives	288	2	5	4.05	0.81

Quadro 1- Cultura de segurança da informação e empenhamento

A variável "Compromisso da organização com a segurança" na Tabela 1 tem um valor médio de 4,23, o que indica uma opinião geralmente positiva sobre a dedicação aos procedimentos de segurança. Relativamente à "Clareza da comunicação sobre segurança", os participantes atribuíram uma pontuação média de 3,98, o que indica que há espaço para melhorias. A "Confiança na proteção dos dados" mede a confiança relativamente elevada dos participantes nos procedimentos de proteção, com uma média de 4,11. Com uma média de 4,05, a variável "Envolvimento nas iniciativas de segurança" revela um grau tipicamente elevado de participação nos esforços de segurança.

4.4.1 Factores humanos que influenciam o envolvimento

Esta secção analisa os aspectos dos factores humanos que afectam a participação dos participantes nos programas de sensibilização para a ISO 27001.

Variable	N	Minimum	Maximum	Mean	SD
Motivation	288	2	5	3.82	0.67
Clear Communication	288	2	5	3.95	0.76
Training Environment	288	3	5	3.75	0.81
Relevance of Training Content	288	2	5	3.88	0.73
Influence of Colleagues	288	2	5	3.70	0.78

Quadro 2- Factores humanos que influenciam o envolvimento

O quadro 2 fornece informações sobre as principais tendências das respostas dos participantes. A pontuação média para "Motivação" é de 3,82, o que indica um grau modesto de motivação que apoia o envolvimento. Os participantes atribuíram uma pontuação média de 3,95 à variável "Comunicação clara", o que demonstra a importância deste fator para aumentar os níveis de envolvimento.

Com uma média de 3,75, a variável "Ambiente de Formação" indica um ambiente de aprendizagem positivo que incentiva o envolvimento. A pontuação média de "Relevância do Conteúdo da Formação" é de 3,88, demonstrando o apreço dos participantes por informação pertinente. A pontuação média da variável "Influência dos Colegas" é de 3,70, indicando que os colegas influenciam os níveis de envolvimento.

4.4.3 Estratégias relacionadas com o ensino

Os factores que afectam as tácticas relacionadas com o ensino e os seus efeitos no envolvimento dos participantes em programas de sensibilização para a norma ISO 27001 são o foco desta parte da investigação.

Variable	N	Minimum	Maximum	Mean	SD
Impact of Teaching Strategies	288	2.50	4.90	3.78	0.67
Clarity of Training Materials	288	2.30	4.80	3.95	0.72
Influence of Training Format	288	2.20	4.80	3.81	0.68
Helpful Interactive Elements	288	2.40	4.90	3.67	0.79
Effect of Training Session Duration	288	2.50	4.80	3.73	0.74

Quadro 3 - Estratégias relacionadas com o ensino

As estatísticas descritivas dos factores relacionados com os métodos de ensino e o seu impacto no empenhamento são apresentadas no Quadro 3. O valor médio para a variável "Impacto das Estratégias de Ensino" é de 3,78, o que indica que as tácticas de ensino têm um efeito modesto nos níveis de envolvimento. Para "Clareza dos Materiais de Formação", os participantes atribuem uma pontuação média de 3,95, o que sugere que os materiais de formação são frequentemente considerados compreensíveis e eficientes. A média para "Influência do formato da formação" é de 3,81, o que mostra que várias formas beneficiam o empenhamento. Um valor médio de 3,67 para a variável "Elementos interactivos úteis" indica que as caraterísticas interactivas contribuem para um maior envolvimento. Por último, mas não menos importante, "Efeito da duração da sessão de formação" tem uma média de 3,73, o que mostra a influência do tempo de formação no envolvimento.

4.4.4 Desafios enfrentados pelas PME

As estatísticas descritivas dos factores relacionados com as dificuldades sentidas pelas PME e os seus efeitos no envolvimento são apresentadas no Quadro 4. O investigador examina o tipo destas questões, a forma como afectam os níveis de participação e o modo como são tratadas.

Variable	N	Minimum	Maximum	Mean	SD
Challenges in the Training Process	288	1	5	3.78	0.75
Appropriateness of Challenge Resolution	288	1	5	3.90	0.70
Impact of Challenges on Engagement	288	1	5	3.65	0.78
Support from the Organization	288	1	5	3.80	0.71
Organization's Responsiveness to Challenges	288	1	5	3.85	0.69

Quadro 4 - Desafios enfrentados pelas PME

A coluna "Desafios no processo de formação" na tabela tem uma média de 3,78, indicando obstáculos que podem afetar o envolvimento. A pontuação média para "Adequação da resolução dos desafios" é de 3,90, indicando que as dificuldades são frequentemente resolvidas de forma aceitável. Para "Impacto dos desafios no envolvimento", os participantes deram uma pontuação média de 3,65, demonstrando o impacto dos obstáculos nos níveis de envolvimento. Com uma média de 3,80, a variável "Apoio da Organização" indica um apoio aceitável por parte da organização. Por último, mas não menos importante, a variável "Capacidade de resposta da organização aos desafios" tem uma média de 3,85, o que demonstra uma atitude proactiva da organização para lidar com os problemas.

4.4.5 Nível de envolvimento dos empregados e retenção de conhecimentos

As estatísticas descritivas dos factores ligados ao nível de envolvimento dos trabalhadores e à retenção de conhecimentos captaram o grau de envolvimento percebido pelos participantes ao longo das sessões de formação.

Variable	N	Mini mum	Maximum	Mean	SD
Engagement During Training	288	1	5	3.70	0.71
Confidence in Knowledge Retention	288	1	5	3.85	0.68
Impact on Understanding of ISO 27001	288	1	5	3.80	0.70
Application of Training Knowledge	288	1	5	3.70	0.72
Likelihood to Recommend Training	288	1	5	3.75	0.69

Conforme indicado na Tabela 5, o valor médio para "Envolvimento durante a formação" é de 3,70, o que indica que os participantes estavam moderadamente envolvidos durante a formação. A confiança dos participantes na sua capacidade de recordar a informação que aprenderam durante a formação é demonstrada pela pontuação média de 3,85 na escala "Confiança na retenção de conhecimentos". O curso teve um efeito benéfico na compreensão da ISO 27001 por parte dos participantes. A variável "Impacto na compreensão da ISO 27001" teve uma média de 3,80. A média para "Aplicação dos conhecimentos da formação" é de 3,70, mostrando que os participantes aplicaram a sua aprendizagem no seu trabalho. Por último, "Probabilidade de recomendar a formação" tem uma média de 3,75, indicando a probabilidade de os participantes aconselharem a formação aos seus pares.

4.5 Análise inferencial

Nesta parte, o investigador investiga as ligações entre vários factores independentes e a variável dependente "Employee Engagement and Knowledge Retention".

4.5.1 Correlações

A análise de correlação permite explorar a forma como as variáveis se inter-relacionam e o seu potencial impacto na variável de envolvimento e retenção de conhecimentos, "Envolvimento e Retenção".

Variable	Engagement and Retention
Information Security Culture	0.53
Human Factors Influencing Engagement	0.45
Teaching Related Strategies	0.39
Challenges Faced by SMEs	-0.29

Quadro 6 Matriz de correlação

Os números positivos indicam uma correlação positiva, o que significa que, à medida que uma variável aumenta, a outra geralmente segue o mesmo caminho. Os valores negativos, por outro lado, implicam uma ligação oposta. O Quadro 6 mostra claramente que a "Cultura de Segurança da Informação" tem uma correlação positiva de 0,53 com o "Empenhamento e Retenção", o que indica uma boa associação entre uma forte cultura de segurança da informação e um maior empenhamento e retenção de conhecimentos. A correlação positiva para "Factores humanos que influenciam o empenho" é de 0,45, o que sugere que bons factores humanos ajudam a aumentar o empenho e a retenção. De acordo com uma correlação positiva de 0,39 para "Estratégias relacionadas com o ensino", as técnicas de ensino eficazes estão associadas a um maior empenhamento e retenção. No entanto, a categoria "Desafios enfrentados pelas PME" apresenta uma correlação negativa de -0,29, mostrando que os obstáculos estão associados a um menor empenhamento e retenção de conhecimentos.

4.5.2 Regressão

O investigador recorre à análise de regressão múltipla para identificar os factores que contribuem significativamente para o envolvimento e a retenção de conhecimentos.

Independent Variables	B	SE(B)	β	t	p
Information Security Culture and Engagement	0.25	0.08	0.25	3.12	0.002
Human Factors Influencing Engagement	0.18	0.06	0.21	2.98	0.003
Teaching Related Strategies	0.14	0.05	0.17	2.82	0.005
Challenges Faced by SMEs	-0.12	0.04	-0.15	-2.70	0.008
Constant	1.52	0.31		4.90	0.000
Model Summary					
R-Square	0.573				
Adjusted R-Square	0.563				
F	58.24				
Sig.	0.000				

Tabela 7 - Análise de regressão múltipla para o empenhamento e a retenção

Os coeficientes beta para todas as quatro variáveis independentes são estatisticamente significativos. O coeficiente beta para "Cultura de Segurança da Informação e Envolvimento" é de 0,25, o que sugere que um nível mais elevado de cultura de segurança da informação está associado a maiores níveis de participação e retenção de informação. O coeficiente beta para "Factores humanos que influenciam o empenho" é de 0,21, o que mostra a influência significativa de factores humanos positivos. Com um valor beta de 0,17, "Estratégias relacionadas com o ensino" destaca a necessidade de utilizar métodos de ensino eficientes. Um valor beta negativo de -0,15 para "Desafios enfrentados pelas PME" sugere que este fator tem um efeito negativo tanto no empenho como na retenção da informação.

O "Resumo do Modelo" da Tabela 7 mostra que as variáveis independentes são responsáveis por cerca de 57,3% da variação na participação dos alunos e na retenção a longo prazo do material do curso. Ao ter em conta o número total de factores de previsão, o valor R-quadrado ajustado de 0,563 fornece uma estimativa mais precisa da variação que pode ser atribuída ao modelo. Pode concluir-se que pelo menos um dos factores independentes prevê fortemente a variável dependente, uma vez que a estatística F de 58,24 é extremamente significativa (p 0,001). Consequentemente, foi reforçada a confiança na capacidade do modelo para prever o empenhamento e a retenção em função das caraterísticas estudadas.

4.6 Resumo da análise de dados

A análise de dados deste capítulo apresenta os resultados de uma investigação aprofundada sobre as variáveis que afectam a participação e a retenção de conhecimentos nos programas de sensibilização para a formação em ISO 27001 destinados às PME de TI. Os estudos descritivos e inferenciais, como a correlação e a regressão múltipla, esclarecem a forma como os diferentes factores influenciam as taxas de participação e de retenção dos participantes no programa. A repartição demográfica dos participantes no inquérito revelou uma vasta gama de antecedentes profissionais e responsabilidades no sector das TI. A investigação baseou-se nas respostas de 288 indivíduos, com uma taxa de resposta de 75%, o que indica elevados níveis de interesse e participação por parte da amostra.

As variáveis-chave relacionadas com a cultura de segurança da informação, os factores humanos, as metodologias de formação, os problemas encontrados pelas PME e a variável dependente "envolvimento e retenção" foram analisadas utilizando estatísticas descritivas para esclarecer as suas distribuições e tendências fundamentais. O grau e a direção destas ligações foram depois revelados através da realização de análises de correlação entre estes factores e as taxas de envolvimento e retenção. A análise de regressão múltipla revelou os efeitos interligados da cultura de segurança da informação das PME, dos factores humanos, das abordagens pedagógicas e dos obstáculos. Com uma explicação total de quase 57% da variação nos níveis de envolvimento e retenção, os resultados mostraram a importância destes factores na previsão destes resultados. Os valores do R-quadrado e da estatística F validaram a fiabilidade do modelo de regressão e a capacidade de prever o empenho e a retenção com base nas variáveis incluídas.

CAPÍTULO 5: DEBATE E AVALIAÇÃO

5.1 Introdução

O presente capítulo aborda a discussão e a avaliação exaustivas dos resultados apresentados no capítulo anterior. Esta secção visa contextualizar os resultados da investigação na literatura existente, analisar as suas implicações teóricas e avaliar o seu significado prático. Ao explorar minuciosamente os resultados, este capítulo procura obter uma visão mais profunda dos factores que influenciam o envolvimento e a retenção de conhecimentos no âmbito dos programas de sensibilização para a formação em ISO 27001 para as PME de TI.

5.2 Interpretação dos resultados

Esta secção irá dissecar meticulosamente os resultados da análise realizada no capítulo anterior, contrando-se em cada objetivo de investigação para discernir ideias significativas. A análise de correlação comprova as relações identificadas, com correlações positivas que confirmam a importância de factores como a cultura de segurança da informação, factores humanos positivos e estratégias de ensino eficazes para influenciar o envolvimento e a retenção de conhecimentos. Simultaneamente, a correlação negativa entre os desafios enfrentados pelas PME e o empenhamento sublinha o impacto negativo dos obstáculos a uma formação eficaz. Além disso, a análise de regressão vai para além da correlação para revelar a força preditiva das variáveis. Os coeficientes e os níveis de significância fornecem informações quantificáveis sobre o grau de influência que os factores individuais exercem sobre o empenho e a retenção de conhecimentos. Esta profundidade analítica permite que as organizações atribuam recursos estrategicamente e adaptem as intervenções para otimizar os resultados da formação.

A análise revelou especificamente uma correlação positiva entre a cultura de segurança da informação e o empenhamento, sublinhando o impacto do compromisso de uma organização com as práticas de segurança na participação dos empregados. Uma cultura que enfatiza a segurança da informação alimenta um sentido de responsabilidade, levando os empregados a participarem ativamente em iniciativas de formação. A comunicação transparente das políticas e práticas de segurança promove ainda mais um clima de confiança. Estas conclusões afirmam que as organizações que promovem culturas de segurança sólidas estão preparadas para colher os benefícios de um maior empenhamento dos empregados e de uma maior retenção de conhecimentos.

Além disso, a correlação construtiva entre os factores humanos positivos e o empenho realça o papel fundamental das motivações e atitudes individuais. Os colaboradores motivados por fortes interesses intrínsecos apresentam níveis de envolvimento mais elevados nos programas de formação. Esta constatação alinha-se harmoniosamente com a teoria da autodeterminação, que defende que os indivíduos intrinsecamente motivados manifestam um envolvimento proactivo nos esforços de aprendizagem. Tirando partido destes conhecimentos, as organizações podem adaptar os programas de formação de modo a que estes se adeqúem às motivações intrínsecas dos colaboradores, cultivando uma cultura de aprendizagem contínua e de envolvimento ativo.

No que se refere às estratégias relacionadas com o ensino, a relação positiva entre as estratégias relacionadas com o ensino e o empenhamento sublinha o papel fundamental de abordagens pedagógicas eficazes. O fornecimento de materiais de formação lúcidos e pertinentes, juntamente com elementos interactivos como questionários e debates, aumenta o envolvimento e a retenção. Este facto sublinha a importância de adaptar as metodologias de formação às preferências individuais de aprendizagem. No entanto, a correlação negativa entre os desafios enfrentados pelas PME e a participação realça o impacto tangível dos obstáculos na eficácia da formação. Restrições de recursos, apoio inadequado e limitações de tempo impedem que os funcionários se envolvam plenamente com o conteúdo da formação. A resolução destes desafios torna-se um elemento essencial para aumentar o empenhamento e a retenção de conhecimentos. Ao abordar proactivamente estes obstáculos através da disponibilização de recursos adequados, sistemas de apoio e horários de formação flexíveis, as organizações podem cultivar um ambiente propício a uma aprendizagem eficaz.

5.3 Avaliação dos resultados

Objetivo 1: Cultura e envolvimento na segurança da informação

A análise revela uma ligação significativa entre a cultura de segurança da informação, o envolvimento dos colaboradores e a retenção de conhecimentos no âmbito dos programas de sensibilização para a formação ISO 27001. O coeficiente beta positivo de 0,25 indica uma correlação notável entre uma cultura de segurança da informação sólida e níveis mais elevados de envolvimento e retenção. Este facto sublinha o papel fundamental que uma cultura centrada na valorização e na atribuição de prioridade à segurança da informação desempenha nas PME de TI. Os funcionários têm a perceção de um maior empenho organizacional na proteção de dados sensíveis, pelo que estão mais inclinados a participar ativamente em programas de formação e a reter eficazmente os conhecimentos adquiridos. Este alinhamento está de acordo com a base teórica que sublinha a poderosa influência da cultura organizacional nos comportamentos individuais e na sua dedicação às práticas de segurança (Doherty et al., 2020). Consequentemente, as organizações devem fazer investimentos substanciais no cultivo de uma cultura de segurança da informação que promova resultados positivos para a eficácia da formação.

Objetivo 2: Factores humanos que influenciam o envolvimento

Os resultados sublinham a importância dos factores humanos positivos na promoção de um maior empenho e retenção de conhecimentos. O coeficiente beta de 0,21 estabelece uma ligação clara entre a motivação, a comunicação eficaz, os ambientes de formação favoráveis, os conteúdos relevantes e os colegas que os apoiam, e o seu impacto coletivo no empenho e na retenção, tal como ilustrado na Figura 8 abaixo. Estes resultados estão em sintonia com os princípios da teoria da autodeterminação, que enfatizam o papel crucial da motivação intrínseca, da competência e da ligação interpessoal na condução de níveis de envolvimento mais elevados (Adams et al., 2017). As organizações podem capitalizar estes conhecimentos adaptando os seus programas de formação às motivações intrínsecas dos funcionários, integrando estratégias de comunicação claras e transparentes e cultivando um ambiente propício a experiências de aprendizagem colaborativas.

Figura 8 - Quadro da cultura de segurança da informação

Objetivo 3: Estratégias relacionadas com o ensino

Os resultados da investigação revelam a influência positiva das estratégias relacionadas com o ensino no envolvimento e na retenção de conhecimentos. O coeficiente beta de 0,17 prova que materiais de formação bem concebidos, elementos interactivos e formatos eficazes aumentam consideravelmente o envolvimento e a retenção dos participantes. Estes resultados alinham-se com os princípios estabelecidos de aprendizagem ativa e abordagens centradas no formando na educação de adultos (Sundaramurthy et al., 2015). luz destas conclusões, as organizações são encorajadas a adotar práticas pedagógicas que privilegiem a interatividade, actividades orientadas para a aplicação e formatos de formação diversificados. Ao fazê-lo, podem maximizar a eficácia dos esforços de formação e fomentar ambientes que promovam a retenção efectiva de conhecimentos e o envolvimento.

Objetivo 4: Desafios enfrentados pelas PME

A análise revela o impacto adverso dos desafios que as PME enfrentam no empenhamento e na retenção de conhecimentos, como indicado pelo coeficiente beta negativo de -0,15. Este facto sublinha a importância crucial de enfrentar desafios como as limitações de tempo, as restrições de recursos e os mecanismos de apoio inadequados. A influência negativa dos desafios no envolvimento alinha-se com os princípios da teoria da carga cognitiva, que postula que a carga cognitiva estranha pode impedir processos de aprendizagem eficazes (Pazur, 2020). Em resposta a estas conclusões, as organizações são instadas a investir recursos na mitigação destes desafios, fornecendo apoio essencial, optimizando os horários de formação e criando um ambiente de apoio. Os insights coletivos derivados da análise enfatizam a natureza multifacetada de aumentar o engajamento e a retenção de conhecimento dentro dos programas de conscientização de treinamento da ISO 27001. A adoção de uma abordagem holística que engloba o cultivo de uma cultura de segurança da informação, a promoção de factores humanos positivos, a aplicação de estratégias de ensino eficazes e a abordagem proactiva dos desafios surgem como estratégias fundamentais para alcançar os melhores resultados de formação no panorama das PME de TI.

5.3 Implicações teóricas

Os resultados da investigação revelam uma infinidade de implicações teóricas que contribuem para a compreensão do reforço do empenhamento e da retenção de conhecimentos no âmbito dos programas de sensibilização para a formação ISO 27001. Estas implicações estão alinhadas com os fundamentos teóricos estabelecidos na revisão da literatura, que incluem a Estrutura da Cultura de Segurança da Informação e a Teoria da Cultura Organizacional de Schein. A convergência destas teorias com os resultados da investigação aumenta a profundidade da compreensão dos factores que influenciam a eficácia da formação nas PME de TI. Em primeiro lugar, os resultados estão em forte sintonia com a Estrutura da Cultura de Segurança da Informação proposta por Thomas et al. (2018). A relação positiva entre a cultura de segurança da informação e o envolvimento sublinha o papel fundamental dos valores, normas e práticas culturais na formação do comportamento e das atitudes dos funcionários em relação às práticas de segurança. O quadro teórico postula que uma forte cultura de segurança da informação aumenta o empenho dos trabalhadores na salvaguarda da informação e gera um sentido de responsabilidade colectiva. A validação empírica desta relação no contexto dos programas de sensibilização da formação ISO 27001 está em conformidade com a ênfase do quadro teórico no papel da cultura na formação dos comportamentos de segurança.

A Teoria da Cultura Organizacional de Schein também fornece uma lente através da qual os resultados podem ser interpretados no contexto de uma dinâmica organizacional mais alargada. A influência positiva dos factores humanos no envolvimento está em sintonia com a afirmação de Schein de que a cultura se manifesta em pressupostos, valores e comportamentos partilhados. A motivação, a comunicação clara e o apoio dos colegas reflectem uma cultura organizacional positiva que promove o empenho e o compromisso dos trabalhadores. A teoria reforça que as organizações são cruciais na modelação dos factores humanos que, em última análise, têm impacto no envolvimento e na retenção de conhecimentos.

Além disso, as implicações teóricas sublinham a interconexão das variáveis estudadas. A análise mostra que uma cultura positiva de segurança da informação actua como um catalisador para promover factores humanos favoráveis, estratégias de ensino eficazes e mitigação de desafios. Este facto reflecte a sinergia entre os atributos culturais e as práticas organizacionais, tal como descrito na teoria de Schein. Ao alinhar os resultados da investigação com estes quadros teóricos, este estudo contribui para a compreensão teórica de como a cultura organizacional, os factores humanos e as estratégias de ensino se cruzam para influenciar o envolvimento e a retenção de conhecimentos em programas de sensibilização para a formação ISO 27001. A validação empírica destas teorias aumenta a sua aplicabilidade no contexto específico das PMEs de TI, proporcionando uma compreensão matizada das complexidades envolvidas na eficácia da formação.

CAPÍTULO 6: CONCLUSÕES, RECOMENDAÇÕES E AUTO-REFLEXÃO

6.1 Introdução

Este capítulo pretende fazer uma breve revisão dos objectivos principais do estudo, tirar conclusões com base na análise, fornecer recomendações para trabalhos futuros, refletir sobre o processo de investigação do estudo, destacar a contribuição do estudo para o conhecimento e reconhecer as limitações do estudo e potenciais direcções de estudo futuras.

6.2 Conclusão

Os resultados do estudo realçam a importância da cultura de segurança da informação, dos factores humanos favoráveis, das metodologias de ensino eficazes e da atenuação proactiva dos desafios para aumentar o interesse das PME de TI nos programas de sensibilização para a norma ISO 27001 e para reter os conhecimentos adquiridos. A investigação utilizou métodos quantitativos para esclarecer as relações entre estas variáveis e demonstrar como todas elas contribuem para a eficácia da formação. As interações entre a motivação intrínseca, uma cultura organizacional recetiva e uma conceção hábil da formação também são destacadas. Os desafios enfrentados pelas PME têm um impacto negativo na participação, salientando a necessidade de sistemas de apoio individualizados. Os resultados fornecem uma nova perspetiva sobre a forma como as PME de segurança da informação e de TI podem beneficiar melhor dos programas de formação. As organizações podem utilizar estes resultados para aumentar o envolvimento dos funcionários e a retenção dos materiais de formação, adoptando as sugestões da próxima secção. Esta investigação revelou as variáveis complexas que determinam a participação e a retenção a longo prazo nos programas de sensibilização da formação ISO 27001 para PMEs de TI através de uma investigação cuidadosa dos dados e de uma análise rigorosa. As conclusões deste estudo podem ter um grande impacto na forma como as empresas abordam as técnicas de formação, a criação de uma cultura de segurança da informação, a resolução de problemas e as iniciativas de envolvimento e retenção dos colaboradores. Os leitores que investirem tempo na exploração destes resultados estarão mais aptos a apreciar o significado do estudo tanto para a teoria como para a prática.

6.3 Recomendações

As sugestões que se seguem, baseadas nos resultados do estudo, abordam os vários aspectos abrangidos. Em primeiro lugar e acima de tudo, as empresas devem dar prioridade máxima à promoção de uma cultura de forte segurança da informação. As organizações podem afetar positivamente o empenho e a retenção dos empregados criando uma cultura que valorize e realce as práticas de segurança. A cultura de segurança pode ser reforçada incentivando uma comunicação aberta, demonstrando um empenhamento na segurança e incorporando conceitos de segurança no tecido da organização.

Em segundo lugar, para tirar o máximo partido dos efeitos benéficos dos factores humanos, as empresas devem criar programas de formação que apelem às motivações intrínsecas dos seus trabalhadores e utilizem canais de comunicação transparentes, projectos de grupo e material relevante. Para capitalizar o poder dos efeitos positivos dos pares, as empresas podem criar fóruns para trocar ideias e encorajarem-se mutuamente. Em terceiro lugar, devem ser utilizadas diferentes abordagens educativas para satisfazer os diferentes estilos e preferências de aprendizagem dos alunos. A otimização do envolvimento e da retenção pode ser conseguida através de componentes interactivos, formatos múltiplos e estratégias de aprendizagem ativa. Isto inclui também a utilização de ciclos de feedback e a avaliação contínua para aperfeiçoar a qualidade dos materiais de formação.

Em quarto lugar, as organizações devem oferecer proactivamente recursos, sistemas de apoio e horários de formação flexíveis para as PME, reconhecendo as dificuldades que estas empresas enfrentam. As organizações podem incentivar a participação dos trabalhadores em programas de formação, eliminando os obstáculos ao seu envolvimento. Quando se trata de melhorar o envolvimento e a retenção dos empregados como um todo, as organizações devem utilizar uma estratégia multifacetada que considere todos os aspectos revelados na investigação. Os resultados mais poderosos da formação podem ser alcançados através da confluência da cultura de segurança da informação, factores humanos positivos, metodologias de ensino eficazes e mitigação proactiva de desafios.

Estas sugestões têm como objetivo ajudar as PME de TI a obter o máximo de envolvimento e retenção de conhecimentos, enquanto navegam no complexo ambiente dos programas de sensibilização para a formação. As organizações podem melhorar as suas hipóteses de sucesso encorajando os seus empregados a crescer profissionalmente através de uma cultura de aprendizagem ao longo da vida, melhoria de competências e maior sensibilização para a segurança.

6.4 Autorreflexão

A investigação "Human Factors in ISO 27001 Training Awareness Programmes: Enhancing Engagement and Knowledge Retention in IT SMEs" foi uma excelente oportunidade para aprender mais sobre segurança da informação, cultura empresarial e as nuances da educação de adultos. Devido à complexidade dos objectivos do estudo, foi necessária uma pesquisa bibliográfica exaustiva, uma estratégia de investigação sólida e uma análise cuidadosa dos dados. Este exercício aprofundou a minha compreensão dos factores que influenciam o empenho dos trabalhadores e os resultados da formação em contextos empresariais reais.

As dificuldades que ultrapassei ensinaram-me muito e ajudaram-me a evoluir. A aquisição de um enorme conjunto de dados e a garantia da sua qualidade exigiram uma dedicação inabalável à precisão. Além disso, foi necessário um forte domínio da metodologia quantitativa e das implicações contextuais dos resultados para uma interpretação exacta das análises estatísticas. Esta experiência demonstrou o valor de manter o rumo, ser flexível e pedir ajuda quando se depara com um obstáculo na sua metodologia.

A conclusão mais importante do estudo é a medida em que os diferentes elementos do ecossistema de uma organização são interdependentes. Os resultados revelaram uma relação clara entre a cultura de segurança da informação, os factores humanos, as abordagens pedagógicas e a atenuação dos problemas. Ver como estes factores afectam a participação e a retenção de informação a longo prazo confirmou o carácter abrangente da aprendizagem organizacional. Esta constatação deu-nos uma compreensão mais profunda do ato de equilíbrio estratégico exigido às empresas para maximizar a eficácia das suas iniciativas de formação e o crescimento do seu pessoal.

Além disso, o desejo de fazer a diferença no domínio da formação e desenvolvimento organizacional foi alimentado por estas descobertas. Tendo visto os efeitos positivos que os esforços de formação bem planeados podem ter nas pessoas e nas empresas, sinto-me inspirado a continuar a procurar novos métodos para melhorar a formação e a partilha de conhecimentos no local de trabalho. Esta experiência também realçou o valor de ligar a teoria à prática ou de garantir que a investigação tem ramificações no mundo real.

Edgar Schein, um teórico da organização, disse uma vez: "Aprender é o processo de trazer à consciência o que antes era inconsciente". A minha citação ressoa em mim quando chego ao fim da minha investigação. Esta investigação contribuiu para o conjunto de informações e aprofundou a minha compreensão dos processos complexos subjacentes aos programas de formação para a sensibilização.

6.5 Contribuição para o conhecimento

O projeto de investigação intitulado "Human Factors in ISO 27001 Training Awareness Programmes: Enhancing Engagement and Knowledge Retention in IT SMEs" produziu várias contribuições importantes para os estudos académicos e aplicações práticas na formação e desenvolvimento organizacional. No contexto dos programas de sensibilização para a formação em conformidade com a norma ISO 27001, os resultados revelam a complexa interação das variáveis que afectam o empenho dos trabalhadores e a retenção de conhecimentos. As conclusões deste estudo têm repercussões importantes tanto para a teoria como para a prática.

Contribuições para a teoria, esta investigação contribui para o crescente corpo de literatura sobre aprendizagem e formação organizacional, fornecendo provas teóricas da importância da cultura de segurança da informação, dos factores humanos e das abordagens pedagógicas na determinação da participação dos alunos e do sucesso a longo prazo. De acordo com a Teoria da Cultura Organizacional de Edgar Schein, esta investigação dá crédito à ideia de que uma cultura sólida de segurança da informação melhora o envolvimento e a retenção dos funcionários. Os quadros teóricos existentes são reforçados pela incorporação da teoria da autodeterminação na compreensão do papel dos factores humanos na participação na formação.

Implicações para a vida quotidiana: Os resultados desta investigação fornecem recomendações práticas para melhorar os programas de formação de sensibilização para a ISO 27001. A investigação sobre factores humanos pode ajudar a orientar o desenvolvimento de programas de formação mais eficientes, realçando a importância de elementos como a motivação intrínseca, uma boa comunicação e uma atmosfera acolhedora. Além disso, podem ser criados conteúdos de formação interessantes, centrando-se nos métodos de instrução, tais como materiais bem concebidos e caraterísticas interactivas. A importância de ultrapassar estas dificuldades é demonstrada pela investigação do estudo sobre os efeitos destas dificuldades na participação das PME de TI. Compreender o impacto de obstáculos como recursos e tempo limitados nos resultados da formação pode ajudar as empresas a melhorar as suas estratégias de formação. As organizações podem melhorar o empenhamento dos trabalhadores e a retenção da informação a longo prazo, adoptando medidas preventivas para fazer face a estes riscos.

6.6 Direcções de investigação futuras

Os resultados deste estudo também oferecem oportunidades para estudos de acompanhamento. As diferenças culturais nas práticas de segurança da informação e o seu efeito no empenhamento e na retenção dos empregados podem proporcionar resultados comparativos interessantes e úteis. Poderão ser obtidas mais informações estudando a forma como os diferentes tipos de liderança afectam a cultura de segurança da informação de uma organização e como esta, por sua vez, afecta os resultados da formação.

REFERÊNCIA

Adams, N., Little, T. D., & Ryan, R. M. (2017). Teoria da autodeterminação. *Desenvolvimento da autodeterminação ao longo do curso de vida,* 47-54.

Al Hogail, A., & Mirza, A. (2017). Cultura de segurança da informação: Uma definição e uma revisão da literatura. *Aplicações informáticas e sistemas de informação,* 1-7.

Alavi, R., & Islam, S. (2016). Um modelo de investimento orientado para o risco da segurança da informação para analisar os factores humanos. *Information and Computer Security, 24(2),* 205-227.

Aleksandar Erceg (2019) Segurança da informação: ameaça dos funcionários. *Tehnicki glasnik, 13(2),* 123-128.

Antunes, M., Maximiano, M., Gomes, R., & Pinto, D. (2021). Gestão da Segurança da Informação e da Cibersegurança: Um Estudo de Caso com PMEs em Portugal. Journal of Cybersecurity and Privacy, 1(2), 219-238.

Arbanas, K., Spremic, M., & Hrustek, N. (2021). Quadro holístico para avaliar e melhorar a cultura de segurança da informação. *Aslib Journal of Information Management, 73(5),* 699-719.

Balozian, P., & Leidner, D. (2017). Revisão da conformidade com a política de segurança do SI: Toward the Building Blocks of an IS Security Theory. *SIGMIS Database, 48(3),* (pp. 11-43).

Belanger, F., Collignon, S., Enget, K., & Negangard, E. (2017). Determinantes da conformidade precoce com as políticas de segurança da informação. *Information & Management, 54(7),* 887901.

Chen, X., Chen, L., & Wu, D. (2017). Factores que influenciam o cumprimento da política de segurança pelos funcionários: An Awareness- Motivation- Capability Perspective. *Journal of Computer Information System,* 1-14.

Chen, X., Wu, D., Chen, L., & Teng, K. (2018). Severidade da sanção e conformidade dos funcionários com a política de segurança da informação: Investigating mmediating, moderating, and control variables. *Information & Management, 55(8),* 1049-1060.

Chen, Y., Ramamurthy, K., & Wen, K. (2015). Impactos de programas abrangentes de segurança da informação na cultura de segurança da informação. *Journal of Computer Information Systems, 55(3),* 11-19.

Chikere, C.C., & Nwoka, J. (2015). A Teoria dos Sistemas de Gestão nas Organizações Modernas - Um Estudo do Aldgate Congress Resort Limited Port Harcourt. *Revista Internacional de Publicações Científicas e de Investigação, 5(9),* (pp. 1-7).

D'Arcy, J., Hovav, A., & Galletta, D. (2009). User Awareness of Security Countermeasures and Its Impact on Information Systems Misuse: A Deterrence Approach. *Information Systems Research, 20(1),* (pp. 79-98).

Da Veiga, A. (2016). Comparação da segurança da informação dos colaboradores que leram a política de segurança da informação e os que não leram: Ilustrado através de um estudo empírico. *Segurança da Informação e Informática, 24,* 139-151.

Da Veiga, A., & Martin, N. (2015). Melhoria da cultura de segurança da informação através de ações de monitorização e implementação ilustradas através de um estudo de caso. *Computadores e Segurança, 49,* 162-176.

D'Arcy, J., & Herath, T. (2011). A review and analysis of deterrence theory in the security literature: making sense of the disparate findings. *Revista Europeia de Sistemas de Informação, 20*(6), 643-658.

D'Arcy, J., & Hovav, A. (2019). Será que um tamanho serve para todos? Examinar os efeitos diferenciais das contramedidas de segurança dos SI. *Journal of Business Ethics, 89*(1), 59-71.

De Maeyer, D. (2017). Criação de um programa eficaz de sensibilização para a segurança da informação. Em *ISSE/SECURE 2007 Securing Electronic Business Processes:* Vieweg. (pp. 49-58).

Dhakal, R. (2018). *Medindo a eficácia de um programa de treinamento e conscientização em segurança da informação.* Universidade Charles Sturt, Sydney.

Fellows, R. F., & Liu, A. M. (2021). *Métodos de investigação para a construção.* John Wiley & Sons.

Gilbert, C. (2017). *Desenvolvimento de um programa integrado de formação, sensibilização e educação em matéria de segurança.*

Hamdi, Z., Norman, A. A., Molok, N. N. A., & Hassandoust, F. (2019, dezembro). A

Hamid, H., & Dali, N. (2020). Estudo empírico sobre a influência da gestão do controlo de segurança e dos factores sociais na dissuasão do comportamento de segurança da informação. *Journal Physics: Conference Series, 1551(1),* 12010.

Henrique W (2018). Fatores humanos na cultura de segurança da informação: Uma revisão da literatura. Em *Avanços em Fatores Humanos em Cibersegurança: Proceedings of the AHFE 2017 International Conference on Human Factors in Cybersecurity, 17 a 21 de julho de 2017, The Westin Bonaventure Hotel, Los Angeles, Califórnia, EUA 8* (pp. 269-280). Springer International Publishing

Jeimy J. (2019) O fator humano na segurança da informação. ISACA Revista volume 5

Kajzer, M., D'Arcy, J., Crowell, C.R., Striegel, A., & Van Bruggen, D. (2017). Uma investigação exploratória da congruência mensagem-pessoa em campanhas de sensibilização para a segurança da informação. *Computadores e Segurança, 43(0),* (pp. 64-76).

Karjalainen, M., & Siponen, M. (2017). Toward a New Meta-Theory for Designing Information Systems (IS) Security Training Approaches. *Journal of the Association for Information Systems, 12*(8), (pp. 518-555).

Kastner, M., Tricco, A.C., Soobiah, C., Lillie, E., Perrier, L., Horsley, T., . . . Straus, S.E. (2012). Qual é o método de síntese de conhecimentos mais adequado para efetuar uma revisão? Protocolo para uma revisão de escopo. *BMC Medical Research Methodology, 12*(1), (pp. 114).

Khan, B., Alghathbar, K., & Khan, M. (2017). Campanha de sensibilização para a segurança da informação: Uma Abordagem Alternativa. Em T.-h. Kim, H. Adeli, R. Robles, & M. Balitanas (Eds.), *Information Security and*

Assurance: Springer Berlin Heidelberg. (pp. 1-10).

Mahfuth, A., Yussof, S., Baker, A., & Ali, N. (2017). Uma revisão sistemática da literatura: Cultura de segurança da informação. *Conferência Internacional sobre Investigação e Inovação em Sistemas de Informação (ICRIIs)*, 1-6.

Maingak, A. Z., Candiwan, C., & Harsono, L. D. (2018). Avaliação da segurança da informação usando a norma ISO / IEC 27001: 2013 na instituição governamental. Trikonomika, 17(1), 28-37.

Mani, D., Mubarak, S., & Choo, K.-K.R. (2014). *Entendendo o processo de conscientização sobre segurança da informação em organizações imobiliárias usando o modelo Seci.* Trabalho apresentado na 20ª Conferência das Américas sobre Sistemas de Informação (AMCIS 2014).

Mayer N, (2019). "Uma abordagem de cluster para melhoria de segurança de acordo com a ISO / IEC 27001. " Centro de Pesquisa Pública Henri Tudor. 29 av. John F Kennedy, L-1855 Luxemburgo.

McCormac, A., Zwaans, T., Parsons, K., Calic, D., Butavicius, M., & Pattinson, M. (2017). Diferenças individuais e consciência de segurança da informação. *Computadores em Comportamento Humano, 69,* 151-156.

Metalidou, E., Marinagi,C., Trivellas, P., Eberhagen,N., Skourlas, C., & Giannakopoulos,G. (2019). O fator humano da segurança da informação: Perspetiva de danos não intencionais. *Procedia - Ciências Sociais e do Comportamento, 147,* 424-428.

Metwally, E. A., Haikal, N. A., & Soliman, H. H. (2022). Detectando o ataque de engenharia social semântica no contexto da segurança da informação. Em Tecnologia de Transformação Digital (pp. 43-65). Springer, Singapura.

Meyer, B. (2015). *Researching Translation and Interpreting.* Londres: Imprint Routledge.

Miles, M., Huberman, M., & Saldana, J. (2018). *Análise de dados qualitativos; um livro de referência de métodos.* British Columbia: SAGE Publications.

Moody, G., Siponen, M., & Pahnila, S. (2018). Rumo a um modelo unificado de conformidade com a política de segurança da informação. *MIS Quarterly, 42*(1), 285-335.

Nel, F. (2017). *Determinação de um padrão para a cultura de segurança da informação.* Ciência da Computação. Potchefstroom: North West University.

Nel, F., & Drevin, L. (2019). Elementos-chave de uma cultura de segurança da informação nas organizações. *Segurança da informação e informática, 27(2),*

Nieles, M., Depmpsey, K., & Pillitteri, Y. (2017). Uma introdução à segurança da informação. *NIST Special Publication 800-12 Revision,* 1-97.

Publicação Especial 800-37 do NIST. (2018). Guia para aplicação da estrutura de gestão de riscos aos sistemas de informação federais. Sítio Web do NIST. Disponível em: https://nvlpubs.nist.gov/nistpubs/SpecialPublications/NIST.SP.800-37r2.pdf

Pan, Y., & Zhang, L. (2021). Papéis da inteligência artificial na engenharia e gestão da construção: Uma revisão crítica e tendências futuras. Automação na Construção, 122, 103517.

Patton, M. (2018). *Investigação qualitativa e métodos de avaliação: Integrating Theory and Practice.* Londres: SAGE Publications.

Pazur, M. (2020). Desenvolvimento e validação de um instrumento de pesquisa para medir a presença de caraterísticas de liderança escolar democrática. *Gestão Educacional Administração e Liderança, 1-17.*

Conselho de Normas de Segurança PCI. (2014, outubro). Melhores práticas de sensibilização para a segurança organizacional. *Grupo de Interesse Especial do Programa de Sensibilização para a Segurança.*

Pfleeger, C., Pfleeger, S., & Margulies, J. (2016). *Security in computing* (5ª ed.). Upper Saddle River, Nova Jersey: Prentice Hall.

Power, R., & Forte, D. (2016). Case Study: a bold new approach to awareness and education, and how it met an ignoble fate. *Computer Fraud & Security, 2006(5),* (pp. 7-10).

Puhakainen, P., & Siponen, M. (2020). Melhorar a conformidade dos funcionários através da formação em segurança dos sistemas de informação: um estudo de investigação-ação. *MIS quarterly, 34(4),* (pp. 757-778).

Schein, E. (1992). *Cultura organizacional e liderança.* Califórnia: Jossey-Bass.

Schein, E. (2004). *Cultura organizacional e liderança* (3ª ed.). São Francisco: Jossey-Bass.

Schlienger, T., & Teufel, S. (2019). Cultura de segurança da informação - Da análise à mudança. *3ª Conferência Anual de Segurança da Informação da África do Sul,* (pp. 183195). Convenção de Sandton: Joanesburgo.

Sundaramurthy, S.C., McHugh, J., Ou, X.S., Rajagopalan, S.R., & Wesch, M. (2014). Uma abordagem antropológica para o estudo de CSIRTs. *IEEE Security & Privacy, 12(5),* (pp. 52-60).

Tang, M., Li, M., & Zhang, T. (2016). Os impactos da cultura organizacional na segurança da informação: um estudo de caso. *Information Technology Management, 17,* 179-186.

Thomas, S., George, D., & Yaojie, L. (2018). O papel da auditoria interna e da formação dos utilizadores no cumprimento da política de segurança da informação. *Revista de Auditoria Gerencial.*

Tsohou, A., Karyda, M., Kokolakis, S., & Kiountouzis, E. (2015). Gerir a introdução de programas de sensibilização para a segurança da informação nas organizações. *Revista Europeia de Sistemas de Informação, 24(1),* (pp. 38-58).

Tsohou, A., Kokolakis, S., Karyda, M., & Kiountouzis, E. (2018). Investigando a conscientização sobre segurança da informação: lacunas de pesquisa e prática. *Revista de Segurança da Informação: A Global Perspective, 17(5-6),* (pp. 207-227).

Tu, Z., & Yuan, Y. (2014). *Análise dos Factores Críticos de Sucesso na Gestão Eficaz da Segurança da Informação: A Literature Review.* Trabalho apresentado na Twentieth Americas Conference on Information Systems, Savannah. (pp. 3207-3214).

Vincent, A., & Ross, D. (2017). Personalizar a formação: determinar estilos de aprendizagem, tipos de personalidade e inteligências múltiplas online. *Learning Organization, The, 8(1),* (pp. 36-43).

Walliman, N. (2021). *Métodos de investigação: The basics.* Routledge.

Wang, N., Christen, M., Hunt, M., & Biller-Andorno, N. (2022). Apoiar a sensibilidade ao valor na utilização humanitária de drones através de um quadro de avaliação ética. Revista Internacional da Cruz Vermelha, 1-32.

Whitman Michael E, e Herbert J. Mattord. Gestão da segurança da informação. Cengage, (2019). https://books.google.fi/books?id=naB0AgAAQBAJ&hl=fi&source=gbs_na vlinks_

Whitman, M., & Mattord, H. (2016). Threats to information Protection -Industry and Academic Perspectives: An annotated bibliography. *Journal of Cybersecurity Education, Research and Practice, 2*, 1-4.

Whitman, M., & Mattord, H. (2018). *Gestão da segurança da informação* (2ª ed.). Boston, Massachusetts: Thomson Course Technology.

Whitman, M., & Mattord, H. (2018). *Princípios de segurança da informação.* Boston: Cengage Learning.

Wilson, M., & Hash, J. (2019). Building an Information Technology Security Awareness and Training Program -NIST Special Publication 800-50. *Instituto Nacional de Normalização e Tecnologia.* Recuperado de ttp://ws680.nist.gov/publication/get_pdf.cfm?pub_id=151287

QUESTIONÁRIO

Section 1: Participant Demographics

Question Number	Question	Response Options
Q1	How many years have you worked in the IT industry?	[Text Box]
Q2	What is your current job role?	[Text Box]

Section 2: Information Security Culture and Engagement

Question Number	Question	Response Options[Likert Scale: 1 - Strongly Disagree, 5 - Strongly Agree]
Q3	To what extent do you believe that the organization values information security?	
Q4	How clear is the communication about security practices in the organization?	
Q5	How confident do you feel in the organization's ability to safeguard sensitive data?	
Q6	How well does the organization involve employees in information security initiatives?	

Section 3: Human Factors Influencing Engagement

Question Number	Question	Response Options[Likert Scale: 1 - Strongly Disagree, 5 - Strongly Agree]
Q7	How does your motivation affect your engagement in ISO 27001 training?	
Q8	Do you believe that clear communication contributes to your engagement?	
Q9	How does the training environment impact your engagement?	
Q10	Are you more engaged when the training content is relevant to your role?	
Q11	How do your colleagues influence your engagement in the training?	

Section 4: Teaching Related Strategies

Question Number	Question	Response Options[Likert Scale: 1 - Strongly Disagree, 5 - Strongly Agree]
Q12	Did the teaching strategies used in the training positively affect your engagement?	

Q13	Were the training materials presented clearly and effectively?	
Q14	How did the format of the training (e.g., workshops, online modules) influence your engagement?	
Q15	Were interactive elements (e.g., quizzes, discussions) helpful for your engagement?	
Q16	Did the duration of the training sessions affect your engagement level?	

Section 5: Challenges Faced by SMEs

Question Number	Question	Response Options[Likert Scale: 1 - Strongly Disagree, 5 - Strongly Agree]
Q17	What challenges did you face in the training process?	[Text Box]
Q18	Were the challenges you faced addressed appropriately?	
Q19	How do these challenges impact your engagement in training?	
Q20	Did the organization provide sufficient support to overcome challenges?	
Q21	How would you rate the organization's responsiveness to challenges?	

Section 6: Level of Employee Engagement and Knowledge Retention

Question Number	Question	Response Options[Likert Scale: 1 - Strongly Disagree, 5 - Strongly Agree]
Q22	How engaged did you feel during the training?	
Q23	How confident are you in retaining knowledge from the training?	
Q24	Did the training enhance your understanding of ISO 27001?	
Q25	Did you actively apply the training knowledge in your work?	
Q26	How likely are you to recommend this training to colleagues?	

Section 7: Strategies for Enhancing Engagement and Knowledge Retention

Question Number	Question	Response Options
Q27	What strategies do you propose to enhance engagement and knowledge retention in future training programs?	[Text Box]

Anexo 1 - Formulário de Ética

Student Project Approval Form

LD7083/ Computing and Digital Technologies Project: Student Project Approval Form

You should use this document if you intend to use one of the existing module level approval ethics applications. Please complete this document and discuss your study with your supervisor before you collect any data. *Failure to complete this document and have all aspects signed off and approved by your supervisor risks a notable deduction in your grade and may risk a case of Academic misconduct. Please see the module Bb site for more details.*

Supervisor sign off	
Ethics form complete	☒
Ethical concerns acknowledged	☒
Research tool(s) checked	☒
All relevant forms included (consent etc.)	☒
Is not high risk	☒

Please ensure that your project meets the conditions of the existing ethics application (available on Module Bb site). *If it does not, then you will need to submit a full ethics application instead.*

Student Name:	**Oluwatomisin Adeloye**
Project Title:	Human Factors In ISO 27001 Training Awareness Programs: Enhancing Engagement And Knowledge Retention In IT Industry For Small And Medium Enterprises
Supervisor Name:	Baba Shaheer
Ethics application you are amending (check box):	☐ Low-risk Lab-based research ☐ Low Risk Secondary Data Science project ☐ Medium Risk Secondary Data Science project from the private domain required membership ☒ Questionnaire/ survey Study ☐ Interview Study or other Usability Study

Introduction to the project: *Treat like an introduction to the study. Why is your proposed study important? What has already been done on the topic? How does your proposed study 'fit' with the current literature and what does it add? What is the aim of the proposed study? Make reference to appropriate studies.*

Small and medium-sized enterprises (SMEs) now depend significantly on IT systems, making the need for robust information security practises all the more essential. Though ISO27001 is generally regarded as the gold standard for the development and maintenance of information security management systems, Small and medium-sized enterprises (SMEs) may find it challenging to adopt ISO 27001 and to ensure staff compliance. The capacity of training awareness programmes to motivate employees and assist in the retention of what they have learned are two crucial areas that require additional research. Human variables, such as psychological and cognitive characteristics, are crucial to the success of training efforts. Although there is a wealth of information on ISO 27001 training awareness programmes for SMEs, it is not always clear how these factors affect participation and knowledge retention. Small and medium-sized firms (SMEs) face extra challenges because of their particular features, such as a lack of resources and expertise, in the already complicated training environment. Thus, this study seeks to assist small and medium-sized enterprises (SMEs) in enhancing the effectiveness of their training programmes by elucidating the relationship between these variables and the outcomes they generate.

Methodology: *Please complete the table below, using the following info to guide you. Write this as a future tense method. Describe the **participants** that you will recruit, how many you are going to recruit, and indicate if you have any additional exclusion criteria. Include the **research design** (e.g. randomised repeated measures quantitative qualitative case study etc) and detail of your proposed **procedures** (i.e., how are you collecting the data?). Include information on all of the equipment you plan to use. If this is a low-risk study, outline how you will extract data and list the criteria you will use to do this. Somebody should be able to read this and replicate it. Describe all planned **data analysis** for both quantitative (e.g. t-tests, ANOVA, correlation etc.) and qualitative (content analysis, thematic analysis etc.) data. If doing a low-risk study explain how you intend to analyse the data you have collected. Use literature to justify your method.*

1.	Is this a low-risk secondary data or lab-based study? If Yes please go to questions 6 and 7.	☐ YES ☒ NO
2.	Who are your participants and what is the inclusion criteria?	The target participants for this study are employees with first-hand experience in ISO 27001 Training Awareness Programs
3.	How many will you recruit and from where?	The participants will be recruited using a purposeful sampling strategy from SMEs in the IT industry in Lagos, Nigeria.
4.	Are there any exclusion criteria (reasons why people should not participate)?	Participants who have never been a part of any ISO 27001 Training Awareness Programs will be excluded
5.	Research design:	This study will employ a descriptive explanatory research design
6.	Procedures (describe what you will do to collect data, include all equipment/methods you plan to use).	For this study, an online questionnaire will be used to gathered. The online questionnaire will be designed to collect data from employees in SMEs regarding their participation in and retention of information from ISO 27001 training awareness programmes.
7.	Data analysis methods:	The data will be analysed using both descriptive and inferential statistical techniques. Means, percentages, and

	frequencies will be the descriptive statistics measures while inferential statistics will be t-test, and regression.
8. Additional information:	

Health and Safety: *Relevant risk assessments are listed in the ethics application. If your project needs additional risk assessments, then you will need to submit a new ethics application. Please identify the elements of the listed risk assessment that are relevant for your study and the risk assessment(s) you are working with.*

Please check the relevant boxes*:

☒ HL_RISK_173 Testing in an external environment

☐ HL_RISK_722 face to face interview

☐ HL_RISK_727 Group interview

Areas of potential risk		
Please indicate how you will eliminate, or as a minimum ameliorate, the following areas of potential risks throughout the processes of research design, data generation, data analysis and dissemination		
Area of risk	**Questions relating to this risk**	**How will you mitigate against this risk?**
Avoiding harm to all involved in or potentially affected by the research	How will you ensure that your participants/ respondents come to no harm (psychological; emotional; physical). e.g. not subjecting them to questioning about sensitive issues without advance agreement?	Participants' responses will be treated with strict confidentiality
	How will you ensure your own safety (beyond just physical) in undertaking the Enquiry?	Personal information and contact details will be kept confidential, and personal relationships with participants will be avoided to prevent any potential conflicts or compromising situations.
Ensuring the anonymity of all participants/respondents	How will you ensure anonymity in collecting/generating data	Anonymity will be ensured by assigning unique identifiers or codes to participant
	How will you ensure anonymity in reporting the data?	Anonymity will be maintained by aggregating and presenting the findings in a way that does not reveal the identities of individual participants
Gaining informed consent from all	How will you ensure respondent/participant consent in	Participant consent in advance will be ensured by

participants / respondents	advance? You should provide a copy of the necessary consent form/s with this document	providing a detailed consent form outlining the purpose of the study
	(How) might participants/respondents be able to withdraw their data?	Participants will have the freedom to withdraw their data by simply closing the online questionnaire without submitting their responses
Avoiding deception	How will you how you promote accuracy in recording, analysis, reporting of the data/findings?	Findings accuracy will be promoted by using reliable and validated measurement scales in the questionnaire
Data storage and destruction	How will you transport and store your data securely (e.g. password protected; cloud storage)	The data collected through the online questionnaire will be stored securely using password-protected systems
	How will you destroy the data and when?	As no personally identifiable information will be collected, there will be no need for data destruction.
Secondary data sets	*Is your data set(s) from a domain requires membership?*	NO
	Does this data set can be used for educational or academic research purpose?	The data collected through the online questionnaire can be used for educational or academic research purposes

Please check this box after you have read and understood ethics and health and safety information.

☒ I confirm I have read the University's health and safety policy and ethics policy. I have read and understood the requirement for the mandatory completion of risk assessments and that my study does not deviate from the module level approval ethics forms on Blackboard.

Further information (add below, if applicable)

- Consent forms
- Participant information sheet
- Debrief form
- Recruitment materials
- Permission letters
- Data collection tools

Student's Name and sign	Date
Adeloye Oluwatomisin -A.O.C (Name)	14/7/2023
Supervisor's name and sign	Date 31/7/2023

babashaheerq (Name) **Baba Shaheer**	

Apêndice 2 - Registos das reuniões

Dear Oluwatomisin Christiana Adeloye,

I am writing to document the supervisory meeting attendance record for Oluwatomisin Christiana Adeloye concerning their final dissertation project.

Over the designated period, we have had a total of 10 scheduled online supervisory meetings. I am pleased to confirm that Oluwatomisin Christiana Adeloye has successfully attended 9 out of these 10 meetings, showcasing dedication and commitment to their academic endeavors.

Please find the details below:

- Student: Oluwatomisin Christiana Adeloye (21068816)
- Supervisor: Babashaheer
- Total Meetings: 10
- Meetings Attended: 9
- Mode of Meetings: nline

I, Babashaheer, hereby verify this record as true and correct.

Thank you for noting this record. Should there be any further details required, feel free to reach out.

Best regards,
Babashaheer

Record of Supervisory Meeting

Student Name: Oluwatomisin Adeloye	Programme: MSc. Cybersecurity Technology with Advanced Practice.
Supervisor: Baba Shaheer	

The minimum number of formal contacts between students and Supervisor(s) will normally be 6 hours. However this contact may be maintained in part via video conferencing or email where necessary. Formal supervisory contact meetings and their outcomes must be recorded using the template below (copy the table below for each meeting)-and attached in the appendix of your dissertation report.

Date & starting/ ending time of Meeting:	15/06/2023 11:00 – 13:00
Meeting Number:	1
Mean of the meeting:	Online	In person	Email

Brief Summary of Discussion (200 words max):

The class commenced at approximately 11:00 AM, with the primary focus of discussion centering on the project topics and proposals that each student had prepared.

Each student presented their respective topics along with their corresponding aims and objectives, followed by feedback from my supervisor highlighting areas for improvement within each topic.

After each student had presented, my supervisor elaborated extensively on the reasons why certain topics were considered incomplete. Consequently, the majority of the students were advised to refine their topics, with a strong emphasis on the transformative potential of their dissertations.

The class concluded at 13:00.

Agreed Actions: *To refine the project topic*

Student signature: ......AOC......................................

Supervisor signature: ....babashaheerg..................

Record of Supervisory Meeting

Student Name: Oluwatomisin Adeloye	Programme: MSc. Cybersecurity Technology with Advanced Practice.
Supervisor: Baba Shaheer	

Date & starting/ ending time of Meeting:	22/06/2023 11:00 – 13:00
Meeting Number:	2
Mean of the meeting:	Online	In person	Email

Brief Summary of Discussion (200 words max):

The class commenced at approximately 11:00 AM, with the primary focus of discussion centered on the project topics and proposals that each student had prepared, continuing from the previous week.

Each student presented their respective topics along with their corresponding aims and objectives, followed by feedback from my supervisor, who identified topics ready to advance to the next stage and those in need of further refinement.

My supervisor encouraged all students to exert maximum effort in finalizing their topics, emphasizing the limited time available for their work.

The class concluded at 13:00.

Agreed Actions: *My supervisor was satisfied and I proceeded with chapter 1-3 after narrowing down my project topic*

Student signature:...AOC..

Supervisor signature: .....*babashaheerg*.........................

Record of Supervisory Meeting

Student Name: Oluwatomisin Adeloye	Programme: MSc. Cybersecurity Technology with Advanced Practice.
Supervisor: Baba Shaheer	

Date & starting/ ending time of Meeting:	29/06/2023 11:00 – 13:00
Meeting Number:	3
Mean of the meeting:	Online	In person	Email

Brief Summary of Discussion (200 words max):
The class commenced at approximately 11:00 AM with a focus on the table of contents, a crucial component of our dissertations. *It was emphasized that subtopics might vary among students depending on the structure and content of their respective projects.* *Students posed questions, and the supervisor provided comprehensive answers.* *The class concluded at 13:00.*
Agreed Actions: *To continue working on my chapters 1-3 to meet up with the interim report submission deadline.*

<table>
<tr><td>86</td></tr>
<tr><td>Student signature: ......AOC...
Supervisor signature: ....babashaheerg............................</td></tr>
</table>

Apêndice 3 - Relatório de síntese do questionário

1) How many years have you worked in the IT industry?

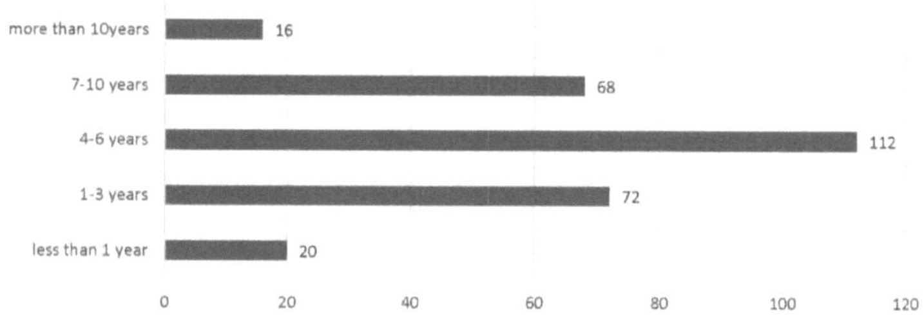

2) What is your current job role?

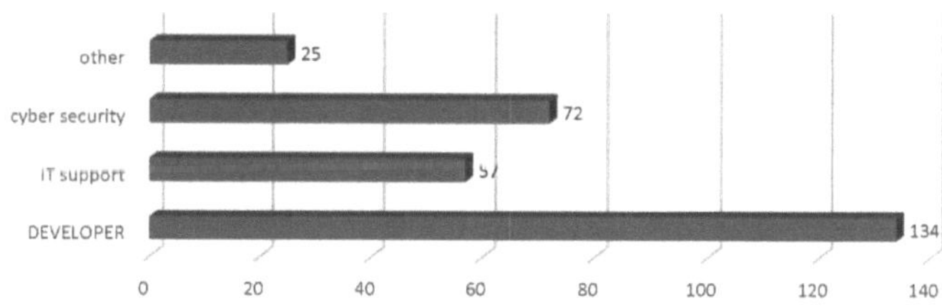

3) To what extent do you believe that the organization values information security?

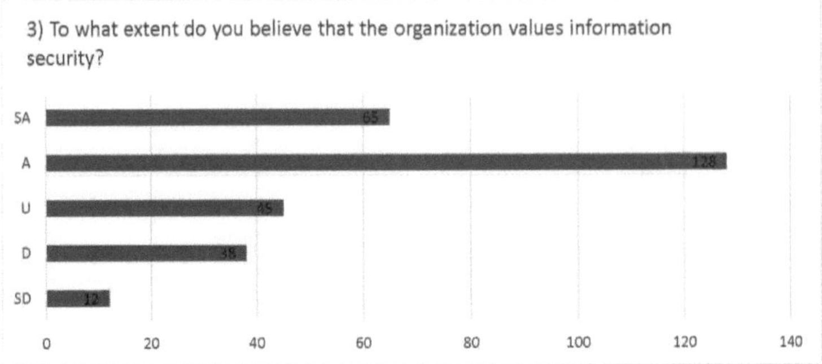

4) How clear is the communication about security practices in the organization?

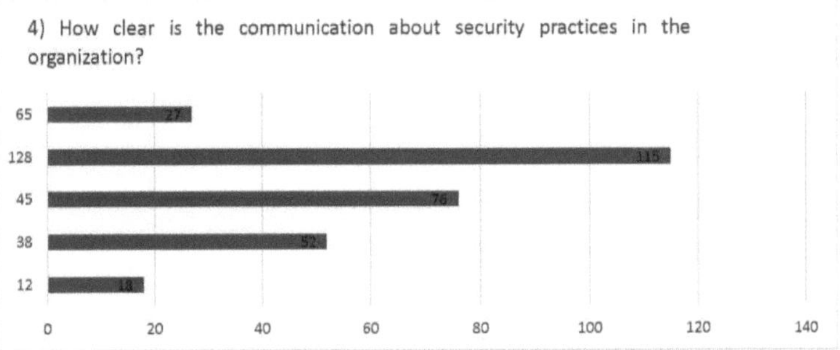

5) How confident do you feel in the organization's ability to safeguard sensitive data?

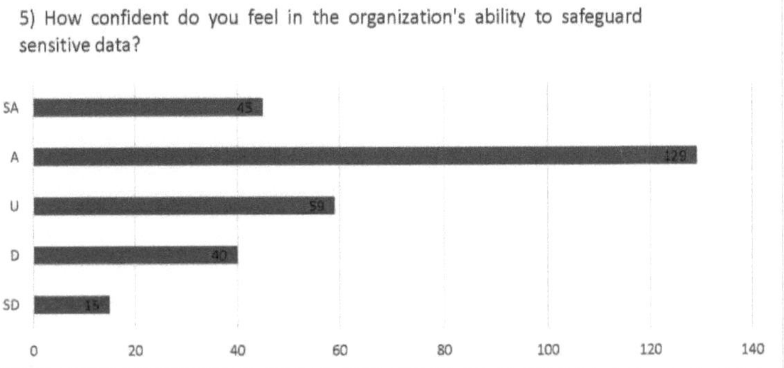

6) How well does the organization involve employees in information security initiatives?

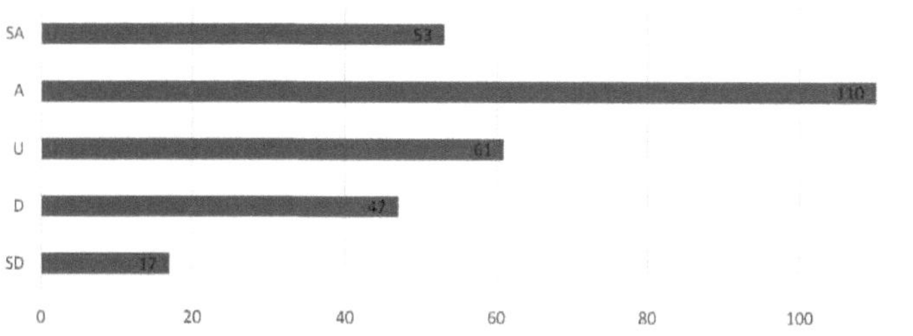

7) How does your motivation affect your engagement in ISO 27001 training?

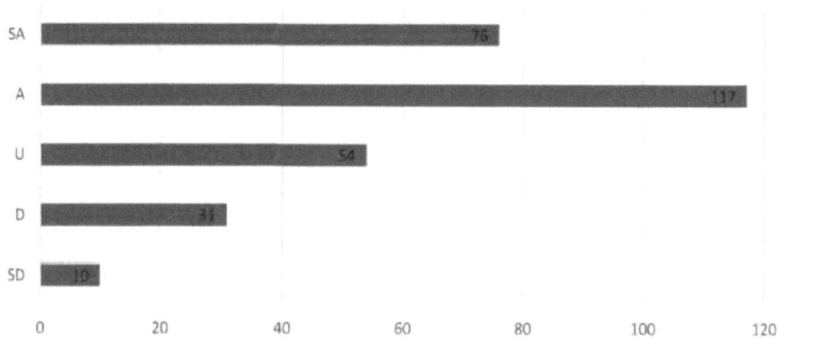

8) Do you believe that clear communication contributes to your engagement?

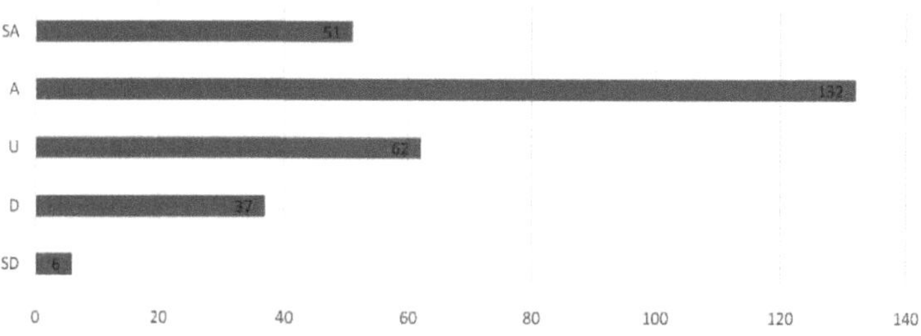

9) How does the training environment impact your engagement?

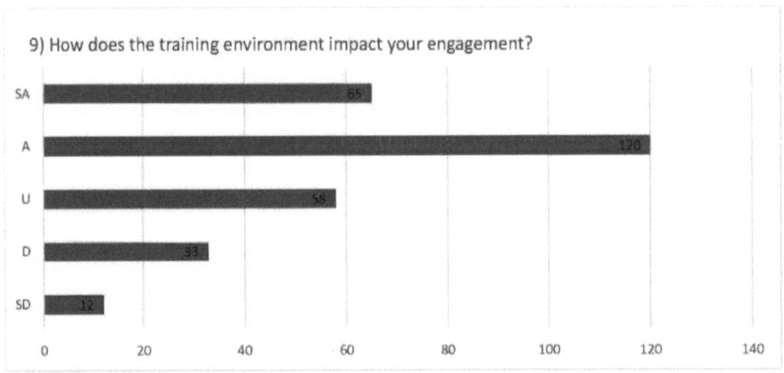

10) Are you more engaged when the training content is relevant to your role?

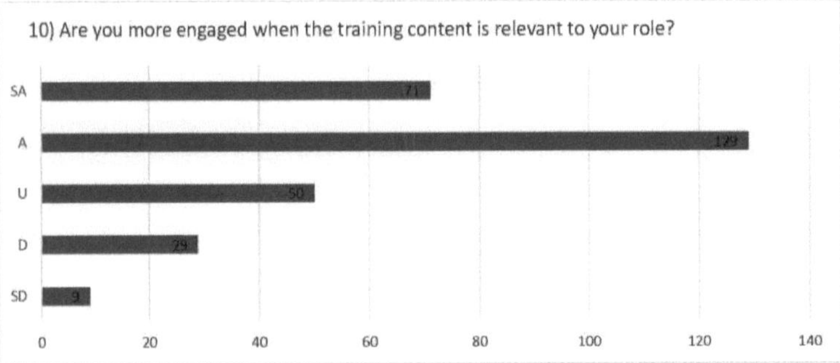

11) How do your colleagues influence your engagement in the training?

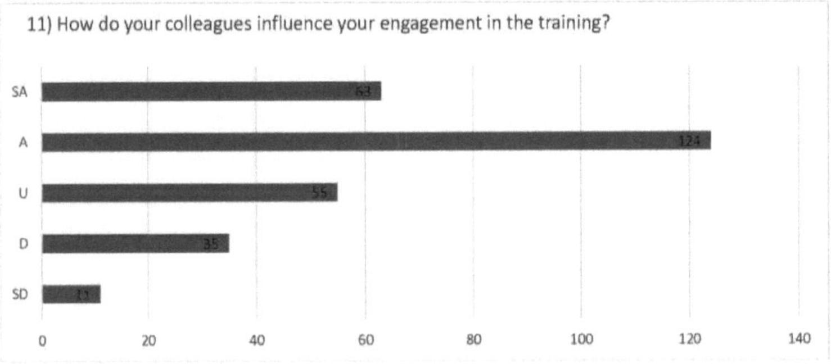

12) Did the teaching strategies used in the training positively affect your engagement?

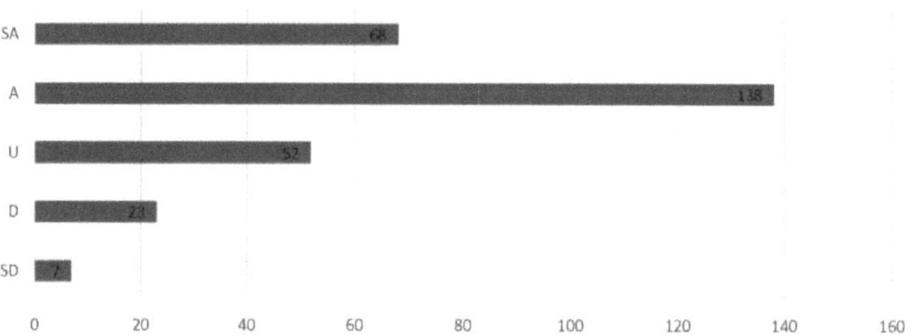

13) Were the training materials presented clearly and effectively?

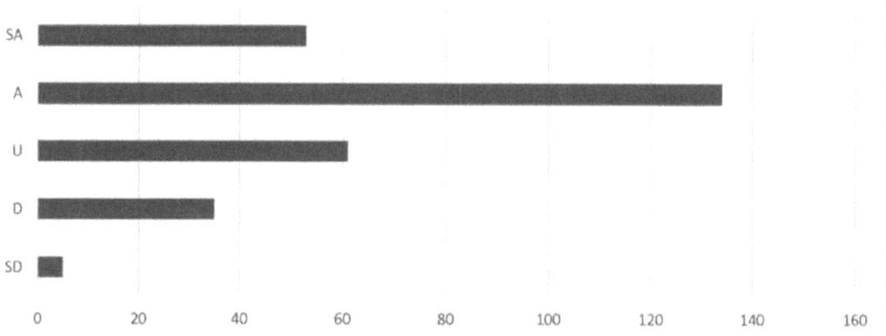

14) How did the format of the training (e.g., workshops, online modules) influence your engagement?

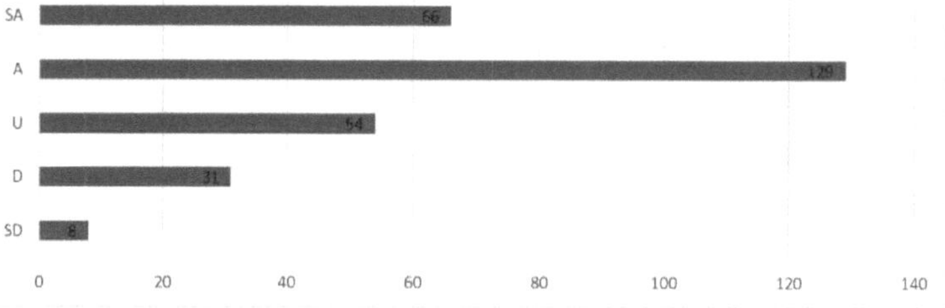

91

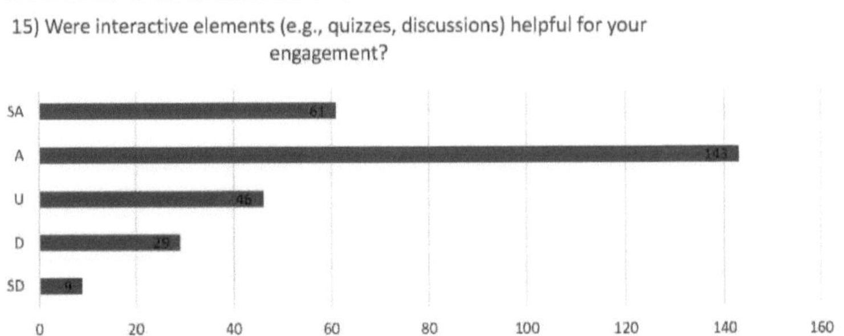

15) Were interactive elements (e.g., quizzes, discussions) helpful for your engagement?

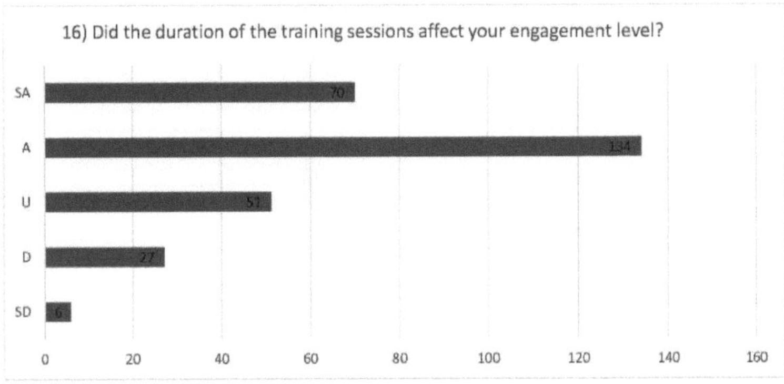

16) Did the duration of the training sessions affect your engagement level?

17) What challenges did you face in the training process?

18) Were the challenges you faced addressed appropriately?

19) How do these challenges impact your engagement in training?

20) Did the organization provide sufficient support to overcome challenges?

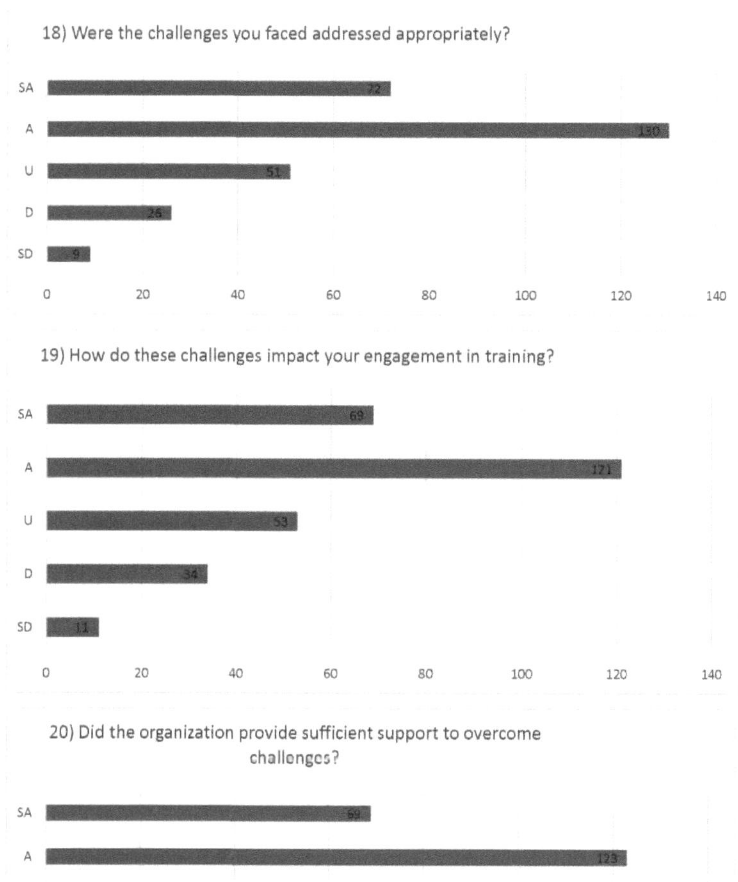

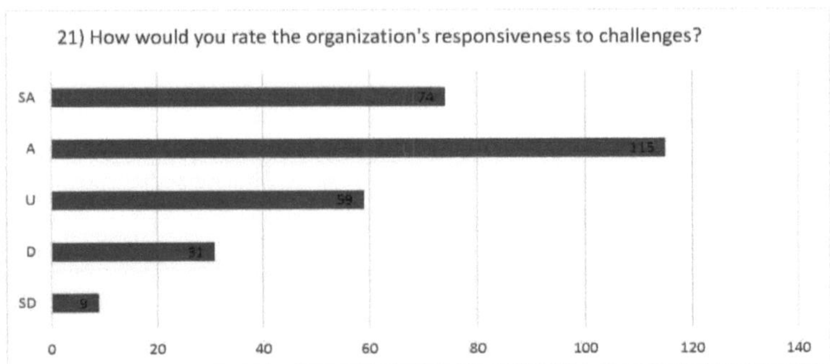

21) How would you rate the organization's responsiveness to challenges?
SA
74
A
115
U
59
D
31
SD
9
0
20
40
60
80
100
120
140

I want morebooks!

Buy your books fast and straightforward online - at one of world's fastest growing online book stores! Environmentally sound due to Print-on-Demand technologies.

Buy your books online at
www.morebooks.shop

Compre os seus livros mais rápido e diretamente na internet, em uma das livrarias on-line com o maior crescimento no mundo! Produção que protege o meio ambiente através das tecnologias de impressão sob demanda.

Compre os seus livros on-line em
www.morebooks.shop

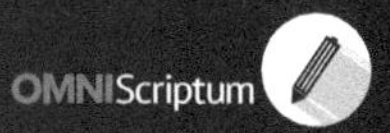

Printed by Books on Demand GmbH, Norderstedt / Germany